PROTECTION ET LIBRE-ECHANGE

ÉTUDE

POUR LA CHAMBRE DE COMMERCE DU HAVRE

Sur les systèmes économiques appelés Protecteur et Libre-Échangiste et sur la situation commerciale de la France en 1869.

Recherche des véritables causes de souffrance de l'Industrie cotonnière et de l'Industrie maritime.

HAVRE

Imprimerie de G. CAZAVAN et Cᵉ, rue Saint-Julien, Nᵒ 16.

—

1870

PROTECTION ET LIBRE-ÉCHANGE

ÉTUDE

POUR LA CHAMBRE DE COMMERCE DU HAVRE

Sur les systèmes économiques appelés Protecteur et Libre-Échangiste et sur la situation
commerciale de la France en 1869.

Recherche des véritables causes de souffrance de l'Industrie cotonnière et de l'Industrie
maritime.

Le Havre, qui n'aurait aucune raison d'exister, s'il ne devait pourvoir à
l'alimentation de l'industrie du nord de la France, mais qui doit en même temps
provoquer le passage, par son port, du plus grand nombre de produits, soit
uniquement comme transit, soit comme alimentation ou débouché de l'industrie
nationale, n'a pu voir l'agitation commerciale et industrielle qui règne en France
depuis plusieurs mois sans y prendre un vif intérêt.

Aussi sa Chambre de Commerce a-t-elle cru indispensable de prendre position dans la lutte engagée entre les anciens principes de la protection commerciale et la nouvelle école de l'abolition de cette protection.

Elle a pensé que l'intérêt du pays réclamait une solution prompte, et que, par conséquent, tout en regrettant que l'enquête ouverte par le gouvernement n'offrît pas toutes les garanties d'impartialité désirable, il valait encore mieux accepter cette enqnête, tout imparfaite qu'elle fût, que de s'exposer à de nouveaux retards pour en organiser une nouvelle. Elle devait redouter la prolongation de cette crise qui pèse sur l'industrie de tout le poids de l'indécision dans laquelle on est quant au régime économique qni prévaudra dans quelque temps.

Tout en se réservant de demander qu'à l'avenir aucun traité de commerce ne puisse plus être conclu en dehors de la sanction des représentants du pays, elle a décidé d'envoyer au préfet la liste des personnes de sa circonscription dont les dépositions lui ont paru devoir être utiles à l'étude des questions soulevées.

Elle a, de plus, nommé une Commission de cinq membres pour lui faire un Mémoire sur les systèmes économique et douanier inaugurés en 1860 (1).

S'inspirant de l'esprit qui lui a paru dominer sur la place et qui domine dans son sein, la Chambre de Commerce a cru devoir poser comme base que ce Mémoire serait rédigé dans le sens du régime libéral modérément protecteur inauguré en 1860 (2).

Cependant, elle s'est réservée de faire, aprés la rédaction de ce Mémoire, tel usage qui lui semblerait bon.

La Commission s'est livrée avec soin à l'étude de la question qui lui était soumise ; les divers intérêts en cause ont été dans son sein chaudement discutés dans un sens comme dans l'autre. En fin de compte, elle a penché pour l'opinion

---

(1) Cette Commission est composée de :

    MM. Masquelier, président.

       H. Delaroche.

       J. Lockhart.

       R. Quesnel.

       J. Siegfried.

(2) Voir appendice lettre de l'Empereur.

que les mesures prises en 1860 ont été très avantageuses à l'ensemble du commerce et de l'industrie nationale, mais elle est convenue toutefois que l'industrie cotonnière et l'industrie maritime éprouvant des souffrances sérieuses il importait d'en rechercher les causes véritables.

Depuis bien des années, deux opinions tranchées et diamétralement opposées divisent en deux camps tous ceux qui s'occupent d'industrie et de commerce.

Les uns voudraient que par des moyens spéciaux et arbitraires (lois d'Etat, corporations, associations ou coalitions d'intérêts similaires) on assurât au commerce et à l'industrie des bénéfices réguliers, juste rémunération des peines et des risques des négociants et industriels. — Ils voudraient, par de tels moyens, mettre le travail à l'abri des fluctuations causées par les excès ou déficits de production, par l'offre et par la demande.

Les autres, croyant que de tels moyens ne sauraient qu'entraver le développement des transactions ; que pour produire un véritable bien il faudrait pousser la protection à l'extrême et limiter le nombre des carrières à quelques individus privilégiés ; que le bien-être momentané que ces moyens procureraient aux uns ne serait acquis qu'au détriment d'autrui et de la masse ; que même le travailleur protégé s'énerverait et ne pourrait bientôt plus se soutenir que par des protections greffées les unes sur les autres, repoussent de la manière la plus énergique les idées de leurs contradicteurs, et demandent, sauf certains ménagements à observer pendant la période de transition, que le plus tôt possible le commerce soit laissé sous la loi commune de libre exercice et de libre concurrence.

Ils soutiennent que, de même que les douanes intérieures, les corporations, les jurandes et maîtrises étaient un malheur pour le pays, de même le pays serait plus prospère si les rapports avec l'étranger étaient facilités au lieu d'être entravés.

Ils sont convaincus que la France peut prétendre à une des premières positions industrielles et commerciales du monde ; qu'elle n'a besoin, pour y arriver, que d'avoir confiance en elle et d'être encouragée à briguer la part qui lui revient dans les affaires avec les pays lointains.

Ils se plaignent que le système si longtemps suivi de proclamer du haut de la tribune politique toutes les faiblesses de notre pays, a fait croire aux étrangers qu'on ne pouvait être aussi bien servi en France que dans les autres pays, et aux nationaux qu'ils étaient fatalement condamnés à l'infériorité. Suivant eux, de là vient une grande partie du mal que notre industrie rencontre aujourd'hui à se créer des débouchés au dehors, et le peu de confiance en eux de nos meilleurs et plus habiles industriels.

Plusieurs faits, malheureusement trop isolés encore, commencent cependant à prouver qn'en bien des cas la France l'emporte sur l'étranger. N'est-il pas permis de croire qu'avec encore· un peu de persistance, ces faits vont se multiplier, et qu'alors les progrès seront rapides, car les débuts en toute chose sont les plus difficiles.

Lorsque le travail vient et augmente, les frais généraux diminuent proportionnellement, et tout se produit dans de meilleures conditions.

Tout le monde est du reste d'accord pour constater que, dans l'ensemble, sous l'empire du régime économique inauguré en 1860, les affaires de la France ont suivi une progression constante.

Le tableau suivant, dressé d'après les chiffres des douanes, en donne une idée générale. Ces chiffres peuvent ne pas être absolument exacts ; mais suffisent néanmoins pour constater la marche générale du commerce.

RÉSUMÉ DU COMMERCE SPÉCIAL DE LA FRANCE

(En millions de francs)

	1855	1856	1857	1858	1859	TOTAL
Exportation	1.557	1.893	1.865	1.887	2.266	9.468
Importation	1.594	1.989	1.872	1.662	1.640	8.657
Totaux	3.151	3.882	3.737	3.549	3.906	18.125
	1863	1864	1865	1866	1867	TOTAL
Exportation	2.642	2.924	3.088	3.480	2.825	14.659
Importation	2.426	2.528	2.641	2.793	3.026	13.414
Totaux	5.068	5.452	5.729	5 973	5.851	28.073

Au point de vue de nos rapports avec l'Angleterre, le nouveau Tableau ci-dessous, de même origine que le précédent, prouve que ce développement a eu lieu à l'avantage de la France.

RÉSUMÉ DU COMMERCE SPÉCIAL AVEC L'ANGLETERRE

(En millions de francs)

	1855	1856	1857	1858	1859	TOTAL
Exportation	307 (228)	372 (257)	291 (300)	426 (330)	591 (425)	1.987 (1.540)
Importation	278 (260)	336 (260)	321 (280)	261 (225)	278 (235)	1.474 (1.260)
Totaux	585 (488)	708 (517)	612 (580)	687 (555)	869 (660)	3.461 (2.800)
Excédant des Exportations sur les Importations	+ 29 (— 32)	+ 36 (— 3)	— 30 (+ 20)	+ 165 (+ 105)	+ 313 (+ 190)	+ 513 (+ 280)

	1863	1864	1865	1866	1867	TOTAL
Exportation	799 (600)	891 (640)	990 (790)	1.140 (925)	896 (842)	4 716 (3.797)
Importation	502 (582)	567	509 (625)	637 (665)	551 (575)	2.946 (3.042)
Totaux	1.391 (1.182)	1.458 (1.235)	1.589 (1.415)	1.777 (1.590)	1.447 (1.417)	7.662 (6.839)
Excédant des Exportations sur les Importations	+ 207 (+ 18)	+ 324 (+ 54)	+ 391 (+ 165)	+ 503 (+ 260)	+ 345 (+ 267)	+1.770 (+ 775)

Et pour ceux qui mettraient en doute les statistiques des douanes françaises, il convient d'ajouter que les statistiques officielles anglaises accusent les chiffres mis entre parenthèses au-dessous des chiffres principaux du dernier tableau. On remarquera de profondes différences sur les valeurs des expéditions de France en Angleterre, ce qui doit tenir à ce que des produits français ne font que transiter par l'Angleterre ; mais les valeurs des expéditions d'Angleterre sur France sont sensiblement les mêmes, et ce sont surtout ces chiffres qu'il faut examiner. Or, en 1855 et 1856, d'après les chiffres anglais, nous importions plus d'Angleterre que nous n'y exportions !!

En réfléchissant que des chiffres anglais il faut déduire les valeurs incombant aux matières brutes tirées des entrepôts anglais pour le plus grand bien de notre industrie, particulièrement laines, cotons et houille, on conviendra promptement que les produits fabriqués entrent pour une proportion modérée dans les importations d'Angleterre en France.

Dans tous les cas, depuis 1858, les chiffres de nos exportations sont très supérieurs à ceux de nos importations, et ils sont loin, par conséquent, de faire entrevoir la décadence industrielle de notre pays.

En outre, suivant les tableaux anglais ; les exportations de France en Angleterre, qui étaient, en 1854, de 10 1/2 millions de livres sterling, passent à 18 millions en 1860 et à 34 en 1867. Par contre, les importations d'Angleterre en France, qui étaient de 6 1/2 millions en 1854, sont de 13 en 1860 et de 23 en 1867.

Les partisans de la protection invoquent fréquemment les charges qui pèsent sur les français et qui, disent-ils, n'existent pas dans les autres pays. Il est difficile de partager entièrement leur opinion quand on a examiné de près des comptes d'opérations faites en Angleterre.

Est-il un impôt plus lourd que « l'income-tax », et dès que l'on voit dans un pays le pain, la viande et la main-d'œuvre plus cher que dans le sien, est-il permis de supposer que tout est à meilleur marché dans ce pays que chez soi ? Plus loin la question des armements maritimes sera traitée en détail; mais si on prend les marchandises à leur entrée à Liverpool ou à Londres, on verra par les tarifs des Docks qu'une tonne de 1,000 kilog. de laine ou de coton coûte en manutentions et magasinages, depuis le moment où on la prend dans la cale jusqu'au moment où on la met en wagon pour sa réexpédition, de 25 à 30 0/0 de plus que la même tonne importée au Havre.

On objecte souvent que les établissements industriels anglais ont le charbon sur place et sont dans de meilleures conditions que ceux de France. Beaucoup d'établissements sont, en effet, à ce point de vue, dans de meilleures conditions que ceux de France, mais tous n'y sont pas, et généralement les filatures ne sont pas sur les mines de charbon.

Il ne faut pas, non plus, ne vouloir agir qu'à la condition d'être supérieur en tout et partout à son voisin, et si la France a la main-d'œuvre à meilleur marché, l'usage gratuit de travaux publics et l'avantage de tenir au Continent, l'Angleterre doit avoir d'autres avantages en compensation, sous peine de ne pouvoir résister à la France.

Il est vrai qu'il reste encore à la France quatre charges plus lourdes qu'en aucun pays, et dont l'intérêt public réclame le prompt allégement.

D'abord la conscription, qui prend l'homme à vingt ans, époque du développement de ses plus belles qualités, et ne le rend au pays qu'à vingt-neuf ans, après en avoir fait un homme passif, ayant perdu l'habitude de pourvoir à ses besoins et de prévoir l'organisation de sa vie.

Ensuite la centralisation administrative, qui continue à l'égard des citoyens le système suivi à l'égard du soldat par la hiérarchie militaire.

Troisièmement, l'absorption par l'Etat de tous les travaux d'utilité publique et leur mise à la disposition de tous les citoyens, soi-disant gratuitement, mais plus véritablement au moyen d'un accroissement d'impôts.

D'où, insuffisance continuelle des travaux entrepris par l'Etat ; inutilité pour les esprits intelligents de s'ingénier à améliorer le sort de leur localité, puisqu'en droit l'Etat doit y pourvoir et qu'en fait ils ne peuvent espérer tirer un profit de leur argent, en concurrence avec les travaux de l'Etat dont le loyer est nul. D'où aussi impossibilité pour le pays de s'enrichir et plus grande facilité pour le gouvernement d'être maître absolu de tout dans le pays.

Enfin, quatrièmement, l'impôt foncier qui est ruineux pour les propriétaires et n'est établi que pour suffire à toutes les dépenses qui, suivant un usage des plus funestes incombent à l'Etat au lieu d'incomber aux particuliers selon l'ordre naturel (1).

Quelques protectionnistes ajouteront que l'Angleterre n'est pas le seul pays étranger avec lequel la France ait à lutter et qu'il est d'autres pays où tout est plus économique qu'en Angleterre. En effet, tel est souvent le cas, de même qu'il est en France des provinces où la vie est moins chère que dans d'autres. Mais est-ce à dire pour cela que ces provinces soient plus favorables à l'industrie, que d'autres où la vie est plus chère parce qu'on y réussit mieux et qu'on est plus au centre du mouvement commercial ? Le sort de l'Espagne et de l'Italie où tout est à bon marché est-il enviable pour la France ? L'Angleterre n'est-elle pas là pour prouver que la chèreté de tout n'éteint pas les affaires ; que cette chèreté est la conséquence d'une plus grande prospérité générale et qu'elle se supporte facilement quand chacun gagne facilement sa vie.

---

(1) Voir appendice Note A.

Avec le développement commercial de la France, il faut prévoir le renchérissement de toutes choses, mais qu'est-ce que cela pour celui qui travaille et n'est-ce pas là la véritable vie à bon marché ? L'ouvrier que l'on paie plus cher aujourd'hui dépensera davantage demain et, consommant davantage, remboursera ainsi partie du surplus qu'on lui aura donné. Il achètera aussi plus facilement la viande de l'agriculteur, la maison que l'on voudra vendre, et par les transactions plus multiples toutes les fortunes ne seront-elles pas mieux assises en ce sens qu'elles seront plus facilement réalisables au moment difficile que chacun est exposé à rencontrer dans sa vie.

Mais il faut maintenant aborder les questions relatives aux deux industries qui se plaignent le plus en ce moment.

L'industrie cotonnière éprouve depuis 1866 un malaise dont on n'entrevoit pas la fin. Après avoir laissé fonctionner pendant cinq ans les traités de commerce, presque sans s'apercevoir de leur existence, elle élève subitement la voix pour rejeter sur eux tout le mal dont elle souffre.

Y a-t-il donc eu dans les trois dernières années un surcroit considérable d'importations de filés ou de tissus de coton ?

Les tableaux de douane répondent comme suit :

FILÉS ET TISSUS DE COTON (Commerce spécial).

(En millions de francs.)

		1863	1864	1865	1866	1867	Totaux
Exportations	Tissus. . . .	88	93	93	86	57	417
	Filés.	2	2	2	2	1	9
	Totaux .	90	95	95	88	58	426
Importations	Tissus	8	9	10	23	18	68
	Filés.	7	7	11	14	9	48
	Totaux .	15	16	21	37	27	116
Différence en faveur des exportations . . .		75	79	74	51	31	310

Les tisseurs se plaignent des admissions temporaires qui leur font le plus grand tort, disent-ils.

Les tableaux de douane accusent les mouvements suivants :

ADMISSIONS TEMPORAIRES (Tissus et Cotons).

(En millions de francs.)

	1863	1864	1865	1866	1867	Totaux
Importations temporaires .	3.8	4.1	1.8	3.1	3.7	16.5
Réexportations temporaires	5.2	5.4	2.9	4.8	5.8	24.1
Différence pour frais de main-d'œuvre, plus-value, etc...	1.4	1.3	1.1	1.7	2.1	7.6

Ces derniers chiffres ne semblent pas indiquer des transactions en tissus étrangers, d'une importance à compromettre de nombreux établissements. Au contraire, ils laissent dans le pays un profit incontestable, sinon de toute l'importance de la différence accusée par le tableau ci-dessus.

Le mal ne vient donc pas des admissions temporaires.

Et à côté de ceci il faut remarquer que si le nombre de broches et de métiers à tisser n'a que peu augmenté en Normandie et probablement dans toute la France depuis 1860, il est incontestable qu'on a fait produire beaucoup plus à chaque broche ou à chaque métier. Beaucoup de petits établissements qui ont disparu et qui produisaient très peu, eu égard à leur importance nominale, ont été remplacés par des établissements beaucoup plus importants qui ne présentent en tout que le même nombre de broches que les établissements disparus, mais qui produisent considérablement plus par broche ou par métier. On peut citer les établissements de la Foudre, de St-Étienne de Rouvray, d'Oissel, les grandes filatures d'Alsace, etc., etc.

Voici le nombre d'établissements et de broches existant en ce moment dans le rayon de Rouen, d'après l'Exposé de la situation des industries du coton dans la Seine-Inférieure et l'Eure, 1859-1869.

	SEINE INFÉRIEURE			
	Situation au 1er Janvier 1860		Situation au 1er Janvier 1869	
	ÉTAB.	BROCHES	ÉTAB.	BROCHES
De 50.000 Broches et au-dessus	»	»	2	146.400
De 40.000 à 50.000 Broches	»	»	1	49.506
De 30.000 à 40.000 »	1	36.000	2	62.634
De 20.000 à 30.000 »	2	51.300	4	93.996
De 15.000 à 20.000 »	9	150.224	14	235.822
De 10.000 à 15.000 »	28	332.770	25	296.214
De 5.000 à 10.000 »	70	528.806	58	407 764
De 2.000 à 5.000 »	62	233.164	43	160 336
De 1.000 à 2.000 »	32	44.770	20	29.696
De 500 à 1.000 »	16	11.860	9	6.072
500 »	8	2.400	7	2.892
	228	1.391.894	185	1.491.332

Ce tableau, publié par la Chambre de Commerce de Rouen, donne la preuve de ce qui est avancé.

On voit comme tous les établissements de 15,000 broches et au-dessous ont diminué, c'est-à-dire les établissements qui marchaient quand il y avait de l'eau dans la rivière ou quand les circonstances étaient bonnes ; mais qui fermaient aussi à la moindre occasion.

D'un autre côté, on voit combien ont augmenté les établissements de 20,000 broches et au-dessus, c'est-à-dire les établissements qui sont obligés de travailler presqu'en toutes circonstances, et qui ont des frais généraux tels qu'arrêter est souvent plus lourd que perdre dans une proportion modérée sur le travail de chaque jour.

Enfin, on admet généralement que le prix de main-d'œuvre et fabrication d'un kilog de filé n° 24 moyen, qui était, il y a cinq ou six ans, de 90 à 95 cent., est tombé par les améliorations survenues à 75 cent., peut-être même 70 cent. dans les grands établissements en plein travail.

N'est-ce pas là une des plus véritables causes du mal éprouvé par la masse de nos filateurs qui n'ont que de petits établissements, où le travail revient cher ? Pendant qu'on est dans la voie de demander des protections, ne faudrait-il pas, pour être logique, demander d'imposer les grands établissements plus fortement que les petits, menacés de mort par leurs puissants concurrents ?

Une autre cause du mal de l'industrie cotonnière est le système douanier adopté depuis 1865 par les Etats-Unis, avec lesquels nous n'avions malheureusement pas de traité. Par suite des dépenses de guerre, le gouvernement américain a frappé inopinément de droits excessifs tous les produits d'importation. De cette manière, la France a perdu les principaux marchés où elle débouchait ses produits.

Voici le tableau dressé par nos douanes :

RÉSUMÉ DU COMMERCE SPÉCIAL AVEC LES ÉTATS-UNIS

(En millions de francs.)

	1855	1856	1857	1858	1859	Totaux
Exportations	246	323	257	209	308	1.348
Importations	176	222	188	177	198	961
Totaux	422	545	445	386	506	2.304

	1863	1864	1865	1866	1867	Totaux
Exportatious	94	84	108	173	156	615
Importations	81	69	49	191	140	530
Totaux	175	153	157	364	296	1.145

Mais ce mal qui pèse sur la France pèse bien plus lourdement sur l'Angleterre, où la crise cotonnière est bien plus forte qu'en France, et où depuis 1860 la production cotonnière a diminué plutôt qu'augmenté.

Le système de protection suivi aux Etats-Unis a développé, il est vrai, les filatures américaines. Elles ont aussitôt absorbé une grande partie de la récolte de coton et réduit ainsi l'approvisionnement de l'Europe, qui manquait cependant déjà de matière première pour ses filatures.

Mais les Américains s'apercevront bientôt de l'erreur de leur système. Quand il sera monté chez eux plus de filatures et de tissages qu'il n'en faut pour suffire aux besoins du pays, tous ces établissements se feront une guerre acharnée entre eux et se ruineront, parce que ne sachant plus que produire à prix élevé des genres spéciaux, ils ne pourront déboucher leurs produits à l'étranger en concurrence avec les produits anglais, suisses ou autres.

N'y aura-t-il pas là un fait analogue à ce qui se passe déjà en France par suite du développement pris par notre industrie depuis 1852, et l'exemple de ce qui se passe chez nous n'ouvrira-t-il pas bientôt les yeux si pratiques des Américains ?

Mais le fait principal qui met l'industrie cotonnière du monde dans une position si critique est bien plus le suivant que ceux que nous venons d'envisager.

De 1860 à 1864, le coton monte de *80 cent.* à *3 fr. 50* le demi-kilog., par suite de la guerre civile aux Etats-Unis.

En 1865, la guerre prend fin, et le coton, de 1864 à 1867, retombe de de *3 fr. 50* à *90 cent.*

Enfin, depuis la fin de cette guerre, la production des Etats-Unis est restée trop faible pour les besoins de l'industrie, et de là sont venus des mouvements spéculatifs insensés qui se sont tous opérés au détriment de la filature. Cette dernière, en effet, à cause du temps requis pour la fabrication, n'a jamais pu vendre que lentement et dans les moments de baisse les produits qu'elle avait achetés à la hausse, tandis que les spéculateurs des ports ont liquidé bien plus vite leurs opérations sur la matière brute.

Voici quelques cours du coton de 1864 à 1869 :

Juin	1864	338 fr. par 50 kil. ou env.	1.352 fr. par B. de coton des E.-U.			
—	1865	211	—	844	—	—
—	1866	160	—	540	—	—
Janvier	1867	170	—	680	—	—
Juillet	1867	116	—	464	—	—
Décembre	1867	92	—	368	—	—
Mai	1868	149	—	596	—	—
Juillet	1868	117	—	468	—	—
Novembre	1868	138	—	552	—	—
Décembre	1868	121	—	484	—	—
Mars	1869	147	—	588	—	—
Août	1869	160	—	640	—	—
Novembre	1869	132	—	528	—	—

Voici aussi le tableau des expéditions de coton sur l'Europe et de la consommation des filatures européennes.

Ce tableau établit que les stocks ne se reformeront qu'avec une grande hausse de prix réduisant les consommations, ou avec une augmentation d'un million de balles dans la production générale du globe.

Expéditions de Cotons sur l'Europe.

1,500,000 B. des Etats-Unis (sur 2,500,000 B. de production).
1,500,000 — de l'Inde.
1,000,000 — d'ailleurs, soit :

d'Amérique du Sud	700,000 B.
Egypte, Levant	250,000 —
Divers	50,000 —
Somme égale	1,000,000 B.

4,000,000 B. en tout, ou

77,000 B. par semaine.

Or, depuis le 1er janvier 1869, époque de crise pour l'industrie, la filature prend sur les quatre marchés du Havre, Liverpool, Marseille et Londres : ·

77,000 B. par semaine,
et elle a pris sur les mêmes marchés
83,000 B. par semaine en 1868.

Ajoutons la comparaison par Balles et par millions de kilog. des expéditions de Coton sur l'Europe, en 1860 et en 1869.

Si le nombre de Balles est approximativement le même pour les deux années, il en est autrement pour le nombre de millions de kilog.

Le déficit de ce chef est pour 1869 de 734,000 B. de 184 kilog.

1860.

				Millions de kil.
Etats-Unis	B. 3,350,000	×	190 kil.	= 637
Indes	573,000	×	170	= 97
Brésil	105,000	×	60	= 6
Egypte	145,000	×	225	= 33
Divers	48,000	×	100	= 5
	4,221,000	×	184	= 778
Consommation des Etats-Unis	800,000			
	5,021,000			

1869.

Etats-Unis	B.	1,500,000	× 190 kil.	=	285
Indes		1,500,000	× 170	=	255
Egypte		250,000	× 225	=	56
Amérique du Sud		700,000	× 60	=	42
Divers		50,000	× 100	=	5
		4,000,000	× 161 kil.	=	643

Consommation des Etats-Unis	1,000,000
	5,000,000 (1)

Comment veut-on que, dans de pareilles conditions d'alimentation, la filature ne souffre pas et ne souffre pas beaucoup !

Mais, en même temps, ne doit-on pas se demander quelles lois arbitraires, quels gouvernements puissants, quelles associations habiles pourraient tirer l'industrie d'une crise naturelle contre laquelle les hommes ne peuvent rien ou fort peu. Il est difficile d'avoir confiance dans le système de protection réclamé par les industriels, car même s'ils parviennent à créer ainsi une source de bénéfices constants, ne verrons-nous pas tous nos jeunes gens sans carrière au sortir des écoles, réclamer leur part de ces bénéfices en entrant dans l'industrie, et bientôt réduire à zéro par les effets de la concurrence les marges de profits que la protection aura constituées à grand'peine.

Ceux qui réclament que la protection assure un bénéfice, doivent donc demander aussi qu'une loi limite le nombre d'établissements par département, proportionnellement à la population. Mais que diront alors tous ceux qui auront leur carrière à faire, les ouvriers qui auront leur vie à gagner ?

---

(1) Voir appendice Note A (2).

Il suffit de faire voir où mène le système proposé, poussé à l'extrême, pour faire comprendre combien il est impraticable et combien il est nécessaire de trouver d'autres moyens pour sortir d'embarras.

Il faut aborder maintenant la question de la marine marchande.

Dernièrement, la Chambre de Commerce du Havre recueillait de la plume même des personnes les plus compétentes, tout un ensemble de plaintes sur les charges qui pèsent sur la marine marchande (1).

Sans contester le poids de ces charges, dont la nomenclature existe dans un Rapport fait par une des commissions de la Chambre, il est permis de dire qu'aucune de ces charges, ni toutes ensemble, ne sont de nature à faire disparaître la marine marchande française.

On se plaint notamment de l'inscription maritime et on a raison, au point de vue humanitaire ; mais au point de vue de l'armateur, on a tort ; car l'inscription nous vaut des matelots soumis, payés 55 fr., contre les caractères difficiles que l'on rencontre en Angleterre et aux Etats-Unis, et que l'on paye 80 et 85 fr. par mois !

On dit que l'Inscription maritime entraîne des rapatriements onéreux. En effet, un navire de 25 hommes d'équipage désarme-t-il à l'étranger, il faut rapatrier l'équipage et en envoyer un second pour réarmer. Cette opération faite en Europe coûte généralement 2,000 fr. Or, qu'est-ce que 2,000 fr., quand pondant dix mois de voyage dans l'Inde on a épargné 30 fr. par homme et par mois, soit 7,500 fr. ?

L'Inscription expose encore à payer, même après guérison et embarquement sur un autre navire, les gages d'un matelot qui est tombé malade en cours de voyage. Ceci est un abus. Il y en a beaucoup d'autres ; mais avec quelques réformes intelligentes on peut vite mettre un terme aux récriminations qui s'élèvent de toutes parts (2).

Et maintenant, si on examine la marine anglaise, aujourd'hui quintuple de la marine française, croit-on que les armements anglais soient plus économiques que les nôtres ?

De nombreux exemples prouvent le contraire.

Dernièrement, deux bateaux anglais arrivaient dans notre port avec équipages anglais, c'étaient le *Montezuma* et le *St-Patrick.*

(1) Voir appendice Note AA.
(2) Voir appendice Note BB.

L'un a été acheté et son équipage a été congédié, puis remplacé par un équipage français.

Là où les Anglais avaient 35 hommes et des salaires mensuels de 3,750 fr., lamaison française a mis 25 hommes avec des salaires mensuels de 2,700 fr. !

L'autre navire avait 55 hommes, officiers et équipage. Chaque sous-chef avait, en quelque sorte, un second pour le doubler ou le servir. En France, le même navire eût navigué avec 32 à 35 hommes.

En examinant les comptes de navires anglais et les comparant aux comptes de navires français, on trouve de grandes différences entre les charges qui écrasent les navires à Londres et à Liverpool, et celles qui pèsent sur les navires qui fréquentent le port du Havre.

Voici quelques comparaisons relevées sur des comptes réels, qui datent déjà, il est vrai, de cinq ou six ans, mais peu importe (1).

La comparaison a lieu entre un navire anglais jaugeant 954 tonneaux qui a livré 1,275 tonneaux d'assortiment de Calcutta, et un navire français de 678 tonneaux qui a livré 1,100 tonneaux d'assortiment de la même provenance. — Le premier navire a fait son voyage en dix mois et demi ; le navire français en dix mois.

Les dépenses assimilables établissent la différence des charges entre le Havre et Londres :

Dépenses du Navire anglais de Londres		Dépenses du Navire français du Havre	
Pilotage de sortie	1.150	Pilotage de sortie	150
— de rentrée	600	— de rentrée	281
Remorquage de sortie	1 600	Remorquage de sortie	100
— de rentrée	1.000	— de rentrée	220
Courtage et fret de sortie	5 0/0	Courtage et fret de sortie	facultatif?
Vivres et provisions	13.000	Vivres et provisions	10.000
Assurance sur corps, *franc d'a-varies, séjour à Calcutta non compris.* Aller, 2 0/0, retour, 2 0/0	4 0/0	Assurance sur corps à l'année, *toutes avaries et séjour à Calcutta compris, primes réductibles par quinzaine*	6 3/4 %
Débours à Calcutta (commissions non comprises)	17.641	Débours à Calcutta (commissions non comprises)	14.118
Droits à Londres : départ	950	Droits au Havre : départ	0
— retour	2.650	— retour	650
Gages d'équipage	23.500	Gages (par mois 1.505 fr.)	15.050
		Plus, chapeau du capitaine, 5 0/0	5/6000

(1) Voir appendice Note CC 1 à 8.

En Angleterre, les capitaines n'ont qu'un traitement fixe de 5 à 10,000 fr. par an. En France, leur fixe n'est que de 150 à 200 fr. par mois ; mais il leur est accordé 3 à 5 0/0 sur le fret, ce qui porte leur rémunération de 5 à 10,000 fr., et quelquefois plus, sur les lignes régulières où il y a de grands navires.

Les équipages coûtent, en France, 45 à 55 fr. par mois et par homme, et, en Angleterre, 75 à 90 fr. Aussi n'est-il pas surprenant que le navire français n'ait, pour dix mois de voyage, que 15,050 fr. de gages, contre le navire anglais 23,500 en dix mois. Dans les 15,050 fr. ne sont pas compris cependant 5 à 6,000 fr. de chapeau du capitaine, qu'il faut ajouter, pour ramener les comparaisons sur un terrain similaire, tout en constatant que les armateurs français qui donnent 5 0/0 de chapeau sont ceux qui agissent très largement.

De tout cela, il résulte que les dépenses de pilotages, remorquages, droits de toute espèce, approvisionnements, gages d'équipage, sont infiniment plus chers en Angleterre qu'en France, et c'est en vain que l'on cherche où sont les avantages de l'Angleterre *en dehors de ses frets de sortie.*

C'est sur cette question des frets de sortie qu'il importe maintenant de s'arrêter.

Les Anglais ont là un immense avantage sur nous, mais il faut dire aussi que la tactique suivie par eux pour se créer des frets de sortie et celle suivie par nous, jusqu'en 1869, année de l'abolition de la surtaxe de pavillon, sont diamétralement opposées.

Les Anglais visent à sortir pleins, sauf à revenir vides ou avec un plein chargement à très bas taux de fret.

Les Français se sont rséignés à sortir vides, comme y étant fatalement condamnés par leur soi-disant infériorité, et visent à revenir pleins, à de très beaux taux de frets.

Pour atteindre ce résultat, ils ont eu longtemps la protection ; maintenant, que cette protection s'en va, ils veulent la réclamer, et ces tout derniers jours on a vu une note, signée de presque tous les armateurs de la place, demandant le retour aux errements du passé.

Comment ne s'aperçoit-on pas, cependant, que si la marchandise n'est importée en France qu'à prix plus élevé qu'en Angleterre, le commerce français d'exportation est condamné à périr ? Il ne pourra plus en effet acheter en France à assez bon marché pour lutter avec les produits que le commerce anglais enverra sur les mêmes marchés que lui.

De là, plus de frets de sortie ; puis, quant aux frets de retour, pas d'espoir d'en avoir d'abondants, car, plus de possibilité de développer l'industrie nationale *au-delà des besoins du pays* ; plus de possibilité de faire des importations en France, dans le but unique de revendre avec profit à la réexportation, puisque la marchandise rentrera, grâce aux frets, plus cher en France que dans les ports étrangers voisins. D'où réduction du nombre de négociants étrangers disposés à opérer avec la France et *à donner du fret à nos navires français. Et souvent il suffira du fait bien plus que de l'importance du droit* pour détourner les négociants d'entrer en relation avec les marchés Français.

Il est encore un point sur lequel la tactique anglaise l'emporte sur la nôtre. En prenant son fret sur la marchandise d'exportation, la nation anglaise prend à son profit l'argent des étrangers et augmente la fortune générale. Nos armateurs, en prenant leur fret sur la marchandise d'importation, prennent à leur profit l'argent des industriels ou des consommateurs du pays et n'augmentent pas la fortune générale.

Ceci serait faux si l'industrie française pouvait encore écouler ses produits à l'étranger avec bénéfice, mais il a été prouvé plus haut que l'industrie française, avec des frets de retour élevés, ne pourrait produire que pour le pays, d'où le raisonnement est absolu et juste.

Il nous faut entrer maintenant dans l'examen du coût des constructions navales, en France, en Angleterre et même à Brême.

Voici d'abord ce qu'on lit dans l'enquête de 1860 :

Sir W. Lindsay dit, vol. I, page 555 :

« Le prix des navires, à l'étranger, varie suivant le tonnage et les condi
» tions d'armement.

» En Angleterre, il est gradué d'après la classe des bâtiments.

» Les navires cotés atlantique 1re classe, d'une durée de six ans, coûtent de
» 11 à 13 £ (275 à 325 fr.) par tonneau.

» Les prix pour les bâtiments de 1re qualité, d'une durée de douze à quinze
» ans, varient de 18 à 24 £ (450 à 600 fr.) du tonneau, y compris le doublage
» en cuivre, le gréement et tous les frais d'armement, à l'exception des
» provisions. »

Puis on trouve, vol. I, page 557 :

M. Michel Chevalier. — « M. Lindsay n'a pas répondu à la ques-
» tion relative aux prix des navires construits au Canada. »

M. Lindsay. — « Ce prix est, en moyenne, de 9 à 13 £ (225 à 335 fr.)
» par tonneau, en y comprenant le doublage en cuivre, le navire étant, en un
» mot, prêt à prendre la mer. »

M. Alfred Quesnel, de son côté, a dit (même volume, page 423) :

« Ainsi, l'on voit constamment, à Londres et à Liverpool, des navires neufs
» envoyés du Canada pour être vendus sur le marché, comme le serait toute
» autre marchandise de fabrique, et dont le prix habituel, *sans doublage et*
» *sans liaisons suffisantes, d'ailleurs*, varie de 6 à 8 £ du tonneau (150 à 200
» fr. — Les entrepreneurs de Londres et de Liverpool se chargent de complé-
» ter leurs liaisons et leur armement, de manière à leur faire obtenir une cote
» de 7 ans, au Lloyd, pour 100 fr. du tonneau. »

Et M. Lindsay, de nouveau, dans une déposition écrite (vol. I, page 588),
rendant compte d'une visite au chantier de M. A..., de Bordeaux, parle d'un
navire en bois de 720 tonneaux de port en lourd, 538 tonneaux de jauge
française, 539 de jauge anglaise ; il ajoute :

« Le prix de ce bâtiment, prêt à prendre la mer, y compris le doublage en
» cuivre et tous les préparatifs nécessaires pour un voyage dans l'Inde (sauf
» les provisions), était de 14 £ 15 sh^s (368 fr. 75) par tonneau anglais de jauge.
» J'atteste, sans crainte d'être démenti, que, dans la plupart des ports de
» constructions maritimes, en Angleterre, un navire semblable ne pourrait pas
» être livré à aussi bas prix.
» Ces faits ont tant d'importance que je voudrais les voir connus, non-seule-
» ment de Votre Excellence, mais aussi de tout le monde commerçant. »

Ces dépositions établissent clairement le coût des constructions en Angleterre
et au Canada. En outre, l'Exposition internationale maritime de notre ville a
permis de faire, en 1868, une étude assez approfondie de cette question.

Les spécimens envoyés par

MM. Leviels frères, constructeurs à Honfleur ;

Napier & sons, constructeurs à Glasgow ;

Teckhelborg, constructeurs à Bremerhaven,

étaient plus que suffisants, pour bien fixer les idées. — Il paraît inutile d'ajouter que l'Exposition de MM. Leviels frères est citée ici comme étant une des plus importantes, mais d'autres chantiers français sont en mesure de faire aussi bien qu'eux.

L'exposition de MM. Leviels avait pour but de prouver que l'on construit en France des navires aussi grands que dans les autres pays ; que ces navires sont composés, comme coque, gréement, mâture, voilure et armement, de matériaux égaux en qualité, sinon supérieurs, à ce qui s'emploie ailleurs, que leur prix de revient est inférieur, à qualité égale, à celui des constructions anglaises et dans des proportions généralement ignorées.

Les échantillons déposés sur la table de MM. Leviels frères provenaient de produits des meilleures fabriques françaises. Du reste, personne n'ignore que, dans les ouragans et les ras de marée, les navires français résistent, quand ceux des autres nations, sauf les Espagnols, se perdent en grand nombre.

Toutes les coques mises sur la table comportaient toutes les améliorations pratiques acceptées en Angleterre, et on peut dire qu'entre ces navires et les navires anglais de premier ordre, il n'y avait de différence que ce qu'on peut appeler des caprices d'armateur ou caprices de pays.

Or, toutes ces constructions rentraient de 350 à 370 fr. par tonneau de jauge (14 £ 1/4 à 14 3/4), avant mise en charge, mais entièrement prêtes à recevoir la cargaison, munies de toutes les fantaisies de l'armateur, grevées des intérêts à 6 0/0 pendant la construction, et de la commission d'usage de 2 0/0 sur le coût, avant la mise en charge.

Il y avait, par contre, dans l'exposition de MM. Napier & son, de Glasgow, le modèle du *Roslin-Castle* et du *Pembroke-Castle*, jaugeant 1,091 tonneaux. Ces navires, au dire de l'armateur, ont coûté environ 22,000 £, soit 550,000 fr., et, suivant lui, ne pouvaient être construits en France pour moins de 625,000 à 650,000 fr. (1).

---

(1) Voir appendice Note DD.

Ce *Roslin-Castle* devait charger environ 2,200 tonneaux, de 40 pieds cubes anglais ; or, dans l'exposition de MM. Leviels frères, il y avait un navire jaugeant 1,081 tonneaux, portant exactement la même quantité de 2,200 tonneaux, de 40 pieds cubes anglais, qui n'avait coûté que 355 fr. du tonneau (ou 14 £ 1/4), soit 383,000 fr., et ce navire ne laissait rien à désirer comme qualité des matériaux employés dans sa construction ou son armement, ni comme port en lourd ou en assortiment.

Il est vrai que quelques personnes objecteront que la comparaison est faite entre un navire en fer et un navire en bois et qu'elle n'est, par conséquent, pas exacte, parce que le navire en fer coûte moins cher à faire naviguer attendu qu'on n'est pas obligé de l'amortir aussi vite qu'un navire en bois exposé à la pourriture, etc.

D'abord, au point de vue de la pourriture, un navire en bois est pourri en cinq ans ou il ne pourrira pas. Donc cette période passée sans accident, le navire en bois, pourvu qu'il ait été convenablement lié et chevillé, sera de longue durée.

Mais il y a dans l'amortissement autre chose que l'usure à prévoir. C'est la destruction par les progrès de la science ou du commerce des instruments dont on se sert. Supposons que les navires construits en 1855 soient tous en fer et peu amortis aujourd'hui. Quelle serait leur position en présence des coques nouvelles qui portent 7 ou 8,000 balles de coton de l'Inde, et des changements dont on est menacé par le développement de la navigation a vapeur.

On a dit encore que, les coques en fer pesant moins que les coques en bois, les navires en fer étaient plus avantageux comme port en lourd. A cet égard, les opinions sont partagées et généralement on pense que pour avoir une coque en fer de toute solidité on ne peut la faire plus légère que la coque en bois.

Les navires en fer ne sont donc pas tout avantage comme beaucoup semblent le croire et généralement ils sont d'une grande infériorité de marche. Si en Angleterre on a développé ce système de construction, c'est que le bois est venu à y manquer et que lorsqu'il fallait l'importer de l'étranger il y rentrait trop cher.

La note CC 2, qui figure à l'appendice, indique du reste que les prix de ces deux genres de construction, en Angleterre, étaient peu différents il y a cinq ans.

Du reste, en fait de prix de construction il y a prix et prix. Tout dernièrement une Compagnie Française faisait soummissionner en Angleterre la construction d'un grand steamer de 130 mètres. Douze ou quinze constructeurs anglais firent des propositions et les prix variaient de 63,000 £ à 95,000 £. Les offres les plus nombreuses étaient de 75,000 £ à 80.000 £. L'affaire a été prise par une Compagnie Française pour un prix approchant de la moyenne des offres Anglaises.

Enfin, il y a en ce moment en construction à la Seyne un steamer en fer dont le prix de marché est de 814,000 francs.

Dans cette somme la machine figure pour 150,000 fr., ce qui remet la coque à 664,000 fr.

Ce steamer sera mâté en trois-mâts barque et aura une grande voilure. Il peut donc être comparé au *Roslin-Castle*. Mais en plus des installations de ce dernier, il aura un troisième pont (12,000 fr.), des aménagements pour 50 passagers de chambre (10,000 fr.), pour 250 émigrants (5,000 fr.), l'installation des soutes à charbon (5,000 fr.) et enfin deux treuils à vapeur et leur chaudières (10,000 fr.) Ensemble 42,000 fr. qui déduits de 664,000 fr. font un prix de de 622,000 fr.

Les armateurs doivent de plus prévoir une augmentation de dépense pour literie, vaisselle, batterie de cuisine, linge pour 300 passagers, soit 25,000 fr., puis les mêmes objets pour l'équipage, environ 11,000 fr.

Pour comparer avec le *Roslin-Castle*, il ne faut cependant ajouter que les 11,000 fr. concernant l'équipage.

On arrive alors au prix définitif de 633,000 fr.

Comme voilier ce navire porterait :

4,000 M³ de 35 P. C. anglais
3,500 T. de 40 P. C. anglais
2,200 T. de 1,000 kilog.

et jaugerait

1,650 T. français.

Son prix de revient serait donc

$$\frac{633.000}{4,000} = 158 \text{ fr. par T. M}^3$$

$$\frac{633,000}{3,500} = 180 \text{ fr. par T. 40 P. C. anglais}$$

$$\frac{633,000}{2,200} = 287 \text{ fr. par T. de 1,000 kilog.}$$

$$\frac{633,000}{1,650} = 383 \text{ fr. par T. de jauge.}$$

Le *Roslin-Castle* coûtant 550,000 fr., jaugeant 1,091 T. de douane, portant 2,200 T. de 40 P. C. anglais rentrait à

$$\frac{550.000}{1,091} = 504 \text{ fr. par T. de jauge}$$

$$\frac{550.000}{2,200} = 250 \text{ fr. par T. de 40P. C.}$$

Si on suppose le *Roslin-Castle* et le navire de la Seyne du même tonnage, 1,091 T. eu 1,650 T., on trouve que leurs coûts de construction seraient :

	(chiffres ronds).		(chiffres ronds).
En Angleterre	1091 × 504 = 550,000	1650 × 504 = 832,000
En France	1091 × 383 = 418,000	1650 × 383 = 632,000
	différence 132,000	différence 200,000

D'où il faudrait donc ajouter au prix de la construction française 31.50 et 31.67 0/0 pour avoir le prix de la même construction en Angleterre.

De la lettre citée à l'appendice, Note DD, il ne ressort pas très clairement que le prix du *Roslin-Castle* fut dans le port. Il pouvait être hors des jetées. Dans ces conditions, il conviendrait de déduire 50,000 fr. des 550,000 fr. ci-dessus soit par tonneau de jauge $\frac{50,000}{1,091}$ ou 46 tonneaux. Le prix de revient du *Roslin-Castle* serait alors 504 — 46 = 458. Les différences ne seraient plus alors que 82,000 et 124,000 fr. à l'avantage de la construction française. Ces résultats ne sont-ils pas encore plus que très satisfaisants ?

Il est fort difficile de comparer entre eux *deux steamers* à cause des éléments de calcul apportés par le prix de la machine et par les rendements très différents de deux machines de même force nominale.

On sait en effet qu'un cheval nominal s'entend de 2 2/3 à cinq chevaux exprimés, suivant les constructeurs, et qu'il y a là autant de sources d'erreurs qu'il y en a dans l'emploi du tonneau de jauge dont il est parlé plus loin.

Mais ce qu'on peut affirmer c'est que la plupart des steamers construits en Angleterre ne portent presque rien eu égard à leur jauge brute, et qu'en général il sont très mal compris comme utilisation des coques.

Il ne paraît donc pas exagéré d'avancer qu'une coque de 500 à 550,000 fr., en Angleterre, peut être construite en France pour 20 à 25 0/0 de moins, et que ces prix ne sont que de 2 ou 3 £ par tonneau plus élevés que le coût définitif de ces coques du Canada, laissant à désirer, quant aux matériaux employés, et si vantées comme le *nec plus ultra* du bon marché, en fait de constructions navales.

A l'appui, voici le prix de revient de quelques-uns des bateaux canadiens achetés dans le port du Havre, depuis quelques années (1).

Il faut se rappeler que, lors de la carène de ces navires, on doit encore passer

---

(1) Voir appendice Note EE.

des chevilles de cuivre supplémentaires, pour en faire des navires pouvant durer un certain temps ; ces consolidations supplémentaires ne figurent pas dans les calculs ci-dessous.

Il faut aussi mentionner que ces canadiens ne sont vendus en Europe qu'après un premier voyage du Canada. Ils ne sont plus strictement neufs, et, de plus, le constructeur a pu, au moyen de son fret de venue, fait généralement sur une cargaison de bois, diminuer son prix de revient au sortir du chantier.

Dans de pareilles conditions, la France pourrait vendre des navires au retour d'un premier voyage, à des prix bien rapprochés du prix des canadiens.

Constructions du Canada.

(Assurance 8 0/0 l'an)

A. Port en lourd	1,000 Tx
Jauge de douane anglaise	673 „
B. Port en lourd	1,500 Tx
Jauge de douane anglaise	1,006 „
C. Port en lourd	1,200 Tx
Jauge de douane anglaise	859 „

Constructions d'Honfleur.

(Assurance 6 1 2 0/0 l'an)

VAUBAN

Port en lourd	1,200 Tx
Jauge de douane française	777 „

	Prix d'achat.	Frais additionnels sans droits.	Total.	Par Ton. de port en lourd.	Par Ton de jauge
A.	F. 135,000	50,000	185,000	185	275
B.	„ 215,000	68,000	283,000	188	281
C.	„ 170,000	58,000	228,000	190	265
VAUBAN			F. 291,000	242 5	374

Le *Vauban*, navire français, paquebot de ligne, équipé comme chevillage, liaisons en fer, cuisine, pompes, chambre, etc., etc., de ce qui se fait de très bien, rentre donc par tonneau de port en lourd, à 2 £ mais par tonneau de jauge à 4 £ 1/5 de plus que les canadiens.

Quelle est, cependant, la véritable capacité de ces deux navires, évidemment le port en lourd et non la jauge de douane ? Cet exemple ne prouve-t-il pas surabondamment que, par notre manière de jauger, nous faisons passer nos constructions pour plus chères qu'elles ne le sont réellement, et ne voit-on pas que les canadiens ne sont pas si bon marché qu'on croit ?

Dans l'exposition de M. Teckhelborg, il y avait deux navires figurés sur chantiers, et qui étaient en vente à Bremerhaven (1).

Ces navires étaient cotés seulement Atlantique.

L'un jaugeait 656 last (1 last = 1,090 kilog.) Il portait 1,250 tonneaux en lourd.

L'autre jaugeait 553 last et portait 1,030 tonneaux de lourd.

En même temps que ces navires étaient sur chantier à Bremerhaven, MM. Leviels frères construisaient le *Vauban*, à Honfleur.

Le prix de revient de ce navire a été comme on l'a vu ci-dessus de 242 fr. par tonneau de port en lourd, mais il était fini avec tous les caprices de l'armateur, doublé en cuivre, chevillé et relié dans des proportions très différentes des navires brémois, bons navires cependant.

Or, on demandait, pour le premier de ces navires brémois, non doublé, et armé simplement dans les conditions de tout navire à vendre par destination première, 267,400 fr.

Soit 214 fr. par tonneau de port en lourd, et, pour le second navire, dans les mêmes conditions, 230,400 fr., ou 223 fr. par tonneau de port en lourd.

Ajoutant à ces prix 30 fr. par tonneau pour le doublage, et 20 fr. par tonneau, pour complément de chevillage, voilure, liaisons, etc., on obtient :

264 fr. pour le premier navire ;
274 fr. pour le second,

Contre

242 fr. pour le navire de MM. Leviels frères.

Les chantiers de Brême ne paraissent donc pas encore devoir être ceux qui détruiront les nôtres, si nos armateurs français, se rendant mieux compte de ce

---

(1) Voir appendice Note FF.

qu'ils peuvent faire chez eux, ne vont plus aussi facilement prodiguer leurs économies et leurs capitaux aux chantiers étrangers.

Il est vrai que plusieurs diront que les prix ci-dessus sont loin de ceux déclarés dans l'enquête de 1862 par des personnes des plus compétentes.

Ici il importe d'entrer dans plus de détails.

Lorsque l'enquête maritime a été ouverte en France, en 1862, on a oublié de déterminer ce qu'on entendait par tonneau de jauge et de s'assurer si cette unité existait réellement, ou si c'était seulement un mot passé dans l'usage et ne représentant rien d'exact comme mesure de capacité.

De cette omission au questionnaire, il est résulté la plus grande confusion dans les réponses des divers déposants. Il en est même advenu que personne ne peut encore formuler, aujourd'hui, la valeur des navires dans chaque pays.

Ceux qui ont dit qu'un navire coûtait, en France, 350 à 400 fr., 450 à 500 fr., 500 à 525 fr. par tonne, ont tous donné à peu près la même valeur aux navires, malgré des prix de revient en apparence si dissemblables.

Pour donner immédiatement une idée de la fausseté du tonneau de jauge comme unité de mesure, il suffit de citer la manière de passer un marché en Angleterre, quand on veut faire construire un navire (1).

On paye sur la jauge de construction ; or, cette jauge s'obtient en multipliant la largeur en pieds par la demi-largeur, et par la longueur, diminuée des trois cinquièmes de la largeur, et en divisant le tout par 94.

On ne s'occupe nullement du creux, de telle sorte que des navires ayant 1^{m}50 ou 2^m de creux de plus que d'autres, ne jaugeront pas plus les uns que les autres, dès que l'on conservera les mêmes longueurs et largeurs.

Il est facile de voir quelles sources d'abus peuvent surgir de cette manière de faire, si, en achetant un navire, on n'est pas très compétent dans la question et si on ne se tient pas sur ses gardes.

La douane anglaise, au contraire, divise les navires en une quantité de petites sections et les cube aussi exactement que possible ; elle cube même les installations de pont pouvant recevoir des marchandises (2).

C'est la manière la plus exacte de jauger : mais elle est encore très loin d'approcher de la vérité.

___

(1) Voir appendice Note CC (2).

(2)   »   »   »   CC (2) GG.

En général, les navires anglais, non canadiens, portent en lourd 25 0/0 de plus que leur jauge.

En France, on prend la longueur, on multiplie par la largeur, puis par le creux, et on divise par 3.80 (1).

On ne s'occupe jamais des installations de pont.

Cette jauge est très irrégulière ; avec elle un clipper porte en lourd sa jauge ; un demi-clipper, 20 0/0 en plus ; un bon marcheur, bien compris, 33 0/0 ; un navire long, grand, à formes pleines, et cependant encore bon marcheur, 50 0/0.

Voici, du reste, des expériences faites sur différents navires de diverses nationalités qui ont apporté du guano en France (2).

Pavillons français :

	Nombre	Jauge	Livré	Ou en plus
	10	5,648	7,921	37 0/0
	10	7,118	10,124	42 0/0
	10	6,645	8,639	30 0/0

Pavillon anglais :

	Nombre	Jauge	Livré	Ou en plus
	10	8,777	11,191	27 0/0
	10	12,734	16,341	28 0/0
(3)	4	3,996	5,277	32 0/0

Pavillon américain :

	Nombre	Jauge	Livré	Ou en plus
	10	7,424	9,497	28 0/0
	10	9,528	12,206	28 0/0
(4)	10	8,552	12,820	50 0/0

On voit donc combien était impossible, lors de l'enquête, d'établir un prix de revient exact d'après le tonneau de jauge, car il est évident que la dépense

(1) Voir appendice Note HH et KK.

(2) » » » MM.

(3) Dans ces quatre derniers, il y avait un canadien qui portait 100 0/0 de plus que sa jauge, et, en retirant le canadien, le pourcentage devenait 12 à 15 0/0 pour les trois autres navires.

(4) Dans ces dix derniers, un navire portait 100 0/0 de plus que sa jauge.

Il devait y avoir, en outre, des canadiens ou des genres canadiens. Du reste, à Honfleur, Messieurs Leviels frères ont construit, en 1868, le *Vauban*, cité ci-dessus, qui jauge 777 tonneaux, et porte 1,200 tonneaux, soit 55 0/0 de plus que sa jauge.

du constructeur varie, non en raison de cette jauge ; mais en raison de la consolidation et du développement de la coque destinée à envelopper la cargaison, sauf à tenir compte d'une diminution proportionnelle, au fur et à mesure de l'accroissement des dimensions d'un navire.

Pour avoir des renseignements exacts sur le prix de revient des constructions des différents pays, il fallait plutôt prendre l'unité de 1,000 kilog. et demander le prix de revient par tonneau de *port en lourd*.

Alors les comparaisons auraient pu avoir une base à peu près certaine et l'on n'aurait pas tardé à voir combien les Anglais, qui sont cependant ceux qui font construire le plus, paient leur navires plus cher que nous et combien leurs constructeurs abusent même des armateurs en faisant souvent des coques très fines à l'avant et à l'arrière, ce qui évite les dépenses très lourdes occasionnées par le développement des varangues dans les navires pleins.

Il reste maintenant à établir comment les prix de 350 à 400 fr., 450 à 500 fr., 500 à 525 fr., par tonneau de jauge, pour coût des différentes constructions françaises sont sont à peuprès uniformes, quoique si différents en apparence.

Il est à remarquer, d'abord, que presque personne n'a mentionné dans sa déposition si le prix de revient par tonneau de jauge, tel qu'il le comprenait, était hors du port, le navire parti pour son premier voyage, ou le navire dans le port, prêt à charger ; mais non encore assuré pour le premier voyage, non muni des provisions de l'équipage, et les avances non payées, à l'équipage.

En effet, le coût de l'armement spécial à un voyage en-deça des Caps, est d'environ de 35 à 45 fr. par tonneau de jauge, pour les grands navires, et de 50 à 60 fr. par tonneau pour les navires de 400 tonneaux de jauge au-dessous.

Si l'on déduit 50 fr. de 525, on arrive à établir un coût de 475 fr. par tonneau de jauge.

Mais il y a encore loin de là aux 360 à 375 fr. donnés plus haut comme prix de revient par tonneau de jauge des constructions d'Honfleur.

Or, les déposant sont encore omis de préciser la nature des installations du pont.

En France, l'habitude assez générale est de mettre le creux de cale égal au tirant d'eau du navire à pleine charge ; les étrangers, au contraire, mettent le creux de cale beaucoup plus grands que le tirant d'eau du navire, ce qui revient presque à construire des navires à spardecks, tout en économisant la dépense du troisième pont.

Chez nous, pour compenser la faible capacité de la cale, on a très souvent construit sur le pont (quoique non jaugés par la douane, ni par le constructeur) des magasins contenant en marchandises 20 à 25 0/0 de la jauge du navire.

Il est évident que ces installations ont coûté au constructeur beaucoup d'argent. puisqu'elles demandaient autant de solidité que la cale et qu'elles ont contribué à renchérir d'autant le prix de revient du tonneau de jauge, *soit du tonneau de cale*.

Quatre navires qui ont commencé par être construits à Honfleur, avec de telles installations, coûtaient lors de la construction 465 à 470 fr. par tonnean moyennant une somme d'environ 15,000 fr. à l'origine ou de 25,000 fr. après leur achèvement, on pouvait réunir ces installations à la cale par le prolongement jusqu'au beaupré du pont supérieur de ces installations (1).

Ceci a du reste été fait pour ces quatre navires, la jauge a alors changé et l'un de 650 tonneaux de jauge au début, qui coûtait 470 fr. du tonneau ou 287,000 fr., ayant gagné 200 tonneaux de jauge de plus pour 25,000 fr. est devenu un navire de 850 tonneaux.

Divisant le coût primitif 287,000 fr. par 650 on trouve pour prix de revient 470 fr.; ajoutant 45 fr. d'armement pour le premier voyage, on trouve un revient de 515 fr. par tonneau.

Divisant enfin le coût primitif (287,000 fr., augmenté de 25,000 fr., soit 312,000 fr.) par 850, on trouve pour prix de revient 367 fr. par tonneau ; ce qui, avec 45 fr. d'armement, fait 412 fr.

Voici donc clairement pourquoi les prix de revient des navires français, à 515 fr.. 470 fr., 412 fr. et 367 fr. du tonneau, ne sont pas si différents les uns des autres et comment ils dépendent uniquement des formes et installations des bâtiments et de la manière dont l'armateur fait ses calculs.

Enfin ce travail ne serait pas complet si la question des surtaxes d'entrepôt ne faisait pas l'objet d'un examen attentif.

En 1865 la Chambre de Commerce de Bordeaux se plaignait de l'invasion de la marine étrangère et que tout le grand cabotage à vapeur se fît par pavillon

---

(1) Voir appendice Note OO.

anglais. Elle attribuait ce fait à la diminution des surtaxes d'entrepôt, ce qui, disait-elle, écartait l'importation directe et facilitait les importations des entrepôts anglais.

Il paraît facile cependant de se rendre compte que si le grand cabotage se fait sous pavillon étranger et non sous pavillon français, c'est parce que les surtaxes d'entrepôt ayant ôté jusqu'ici aux armateurs français toute matière à transporter des ports d'Europe dans les ports français, il leur était impossible de faire construire des bateaux à vapeur autrement que pour le commerce restreint du petit cabotage; c'est-à-dire de petits bateaux. Quand sont venus les abolitions ou diminutions de surtaxe, il est advenu tout naturellement que l'Angleterre qui avait construit des steamers pour son commerce avec les pays d'Europe autres que la France, était préparée à venir chez nous tandis que nous étions dépourvus du matériel convenable pour nos propres affaires.

Qu'on abolisse les surtaxes d'entrepôt et on verra bientôt se créer le cabotage à vapeur français concurremment avec le cabotage anglais.

Du reste, ces surtaxes sont-elles bien utiles? En temps ordinaires, les télégraphes nivelleront tellement les divers marchés d'Europe, que les frais de déplacement seront encore des surtaxes d'entrepôt plus que suffisantes pour favoriser l'importation directe.

Enfin n'est-il pas bon de laisser à chacun toute facilité de créer dans la localité de sa résidence toutes les affaires qui sont de sa compétence? N'est-ce pas son droit naturel? Tel, qui avec de faibles capitaux commencera aujourd'hui des affaires d'entrepôt, *fera quelques mois après des opérations d'importation directe.* Mais il n'en viendra là qu'après avoir commencé par connaître, au moyen d'opérations d'entrepôt, des maisons étrangères, versées dans le commerce lointain qui lui est étranger.

C'est ainsi que le Havre est devenu depuis deux ou trois ans un important marché de bois d'acajou et de campêche et qu'avant peu ces acajous communs remplaceront le chêne dans beaucoup d'emplois.

Et nos navires n'ont-ils pas tout avantage à voir se développer ces sortes d'affaires qui leur fourniront un jour du fret dans des ports où ils n'en trouvent pas jusqu'ici ; et qui augmenteront le nombre des expéditeurs sur France dans les ports où ils ont déjà quelque fret aujourd'hui.

Du reste les surtaxes d'entrepôt sont déjà éludées en bien des cas, par certains abus qui s'introduisent dans les tarifs des Compagnies de chemin de fer, dits tarifs de détournement.

Où donc faut-il aller chercher les causes des plaintes que font entendre les armateurs si la liberté des échanges doit être pour eux une occasion de développement de transports.

Pour la marine, comme pour la filature, on peut dire que la guerre civile des Etats-Unis, en diminuant la production du coton, a considérablement diminué la matière à transporter. En même temps, la production du coton augmentant dans l'Inde et chacun supposant que la guerre civile terminée les États-Unis produiraient autant de coton que par le passé, les armateurs ont comme les filateurs, fait le raisonnement que plus on opérerait avec de puissants instruments, plus on devait économiser sur les frais généraux.

De là sont venues d'énormes constructions navales en fer, destinées à porter de sept à huit mille balles de coton de l'Inde. Ces grands navires ont produit à l'égard des petits ce qu'ont fait les grandes filatures à l'égard des petites.

Si la récolte du coton augmentait d'un million de balles il est à présumer que la position de la marine s'améliorerait sensiblement.

Sans s'arrêter uniquement à ce motif de crise, il est permis aussi de penser que ce qui se passe aujourd'hui n'est qu'une réaction naturelle après les temps prospères que la marine a traversés depuis 1852 et à l'époque de la guerre de Crimée, lorsque tout se développait commercialement parlant, en même temps que s'étendaient partout les voies ferrées, les lignes télégraphiques et les progrès de la mécanique.

On a trop oublié à cette époque que ce qui se passait n'était pas naturel, qu'il fallait suffire aux besoins d'affaires nouvelles en création, mais que viendrait un jour où ces affaires étant créées il n'y aurait plus qu'à pourvoir à leur entretien. Aussi, après avoir construit beaucoup, a-t-il fallu reconnaître que l'on avait trop construit et faut-il maintenant laisser disparaître de nombreux navires.

En résumé, depuis plusieurs années, nous traversons la période de réaction après une période de magnifique prospérité Cette situation est inhérente au commerce et aux affaires. On peut même dire qu'elle a son côté nécessaire car si les affaires n'étaient pas parsemées de difficultés, si on y réussissait toujours et partout, tout le monde deviendrait producteur et industriel, abandonnant les carrières peu rémunératrices et on ne trouverait bientôt plus de consommateurs.

Le seul remède au mal ne peut donc être que la patience, et dans sa justice le pays doit savoir gré au gouvernement d'avoir osé risquer sa popularité pour faire prévaloir un sytème qu'il croyait bon et qui devait être longtemps mal interprété.

Il convient donc de faire jaillir la lumière dans tous les esprits, par des enquêtes au grand jour ; de demander à l'État d'abandonner les coups d'État commerciaux et de faire ratifier à l'avenir par les représentants du pays toutes les conventions commerciales qu'il jugera bon de provoquer.

Il faut aller déposer à l'enquête dans le sens d'une extension des rapports avec l'étranger et non dans le sens des anciennes restrictions.

Il faut peut-être obtenir une prolongation de la période de transition mais pourvu que cette période ne soit pas trop longue, afin que la génération nouvelle entrée dans les affaires avec le nouveau régime n'ait pas trop longtemps à souffrir des égards dûs à la génération qui l'a précédée.

Il faut aussi que le gouvernement fasse respecter les tarifs prononcés et trouve le moyen d'éviter les fraudes et les fausses déclarations en douane ; mais il importe en même temps qu'une fois la voie de la liberté des échanges adoptée il y marche progressivement avec méthode et fermeté, sans précipitation dans la marche en avant, sans hésitation dans l'abandon du passé.

En conséquence, il y a lieu :

1° de maintenir ou de renouveler les Traités de commerce, mais avec la sanction du Corps Législatif ;

2° de maintenir pendant quelques temps encore les droits d'importation qui existent aujourd'hui, en s'attachant à réduire les erreurs ou injustices constatées ;

3° de diminuer graduellement ces droits pour arriver le plus tôt possible à l'époque où ils pourront être entièrement supprimés.

Havre, 27 décembre 1869.

Robert QUESNEL.

ANNEXES.

Monsieur le ministre,

Malgré l'incertitude qui règne encore sur certains points de la politique étrangère, on peut prévoir une solution pacifique. Le moment est donc venu de nous occuper des moyens d'imprimer un grand essor aux diverses branches de la richesse nationale.

Je vous adresse dans ce but les bases d'un programme dont plusieurs parties devront recevoir l'approbation des Chambres et sur lequel vous vous concerterez avec vos collègues, afin de préparer les mesures les plus propres à donner une vive impulsion à l'agriculture, à l'industrie et au commerce.

Depuis longtemps, on proclame cette vérité, qu'il faut multiplier les moyens d'échange pour rendre le commerce florissant ; que, sans concurrence, l'industrie reste stationnaire et conserve des prix élevés qui s'opposent aux progrès de la consommation ; que, sans une industrie prospère qui développe les capitaux, l'agriculture elle-même demeure dans l'enfance. Tout s'enchaîne donc dans le développement successif des éléments de la prospérité publique ! Mais la question essentielle est de savoir dans quelles limites l'Etat doit favoriser ces divers intérêts et quel ordre de préférence il doit accorder à chacun d'eux.

Ainsi, avant de développer notre commerce étranger par l'échange des produits, il faut améliorer notre agriculture et affranchir notre industrie de toutes les entraves intérieures qui la placent dans des conditions d'infériorité. Aujourd'hui, non-seulement nos grandes exploitations sont gênées par une foule de règlements restrictifs, mais encore le bien-être de ceux qui travaillent est loin d'être arrivé au développement qu'il a atteint dans un pays voisin. Il n'y a donc qu'un système général de bonne économie politique qui puisse, en créant la richesse nationale, répandre l'aisance dans la classe ouvrière.

En ce qui touche l'agriculture, il faut la faire participer aux bienfaits des institutions de crédit : défricher les forêts situées dans les plaines et reboiser les montagnes, affecter tous les ans une somme considérable aux grands travaux de desséchement, d'irrigation et de défrichement. Ces travaux, transformant les terrains communaux incultes en terrains cultivés, enrichiront les communes sans appauvrir l'Etat, qui recouvrera ses avances par la vente d'une partie de ces terres rendues à l'agriculture.

Pour encourager la production industrielle, il faut affranchir de tout droit les matières premières indispensables à l'industrie et lui prêter, exceptionnellement et à un taux modéré, comme on l'a déjà fait à l'agriculture pour le drainage, les capitaux qui l'aideront à perfectionner son matériel.

Un des plus grands services à rendre au pays, est de faciliter le transport des matières de première nécessité pour l'agriculture et l'industrie ; à cet effet, le ministre des travaux publics fera exécuter le plus promptement possible les voies de communication, canaux, routes et chemins de fer, qui auront surtout pour but d'amener la houille et les engrais sur les lieux où les besoins de la production les réclament, et il s'efforcera de réduire les tarifs, en établissant une juste concurrence entre les canaux et les chemins de fer.

L'encouragement au commerce par la multiplication des moyens d'échange viendra alors comme conséquence naturelle des mesures précédentes. L'abaissement successif de l'impôt sur les denrées de grande consommation sera donc une nécessité, ainsi que la substitution de droits protecteurs au système prohibitif qui limite nos relations commerciales.

Par ces mesures, l'agriculture trouvera l'écoulement de ses produits ; l'industrie, affranchie d'entraves intérieures, aidée par le Gouvernement, stimulée par la concurrence, luttera avantageusement avec les produits étrangers, et notre commerce, au lieu de languir, prendra un nouvel essor.

Désirant avant tout que l'ordre soit maintenu dans nos finances, voici comment, sans en troubler l'équilibre, ces améliorations pourraient être obtenues :

La conclusion de la paix a permis de ne pas épuiser le montant de l'emprunt. Il reste une somme considérable disponible qui, réunie à d'autres ressources, s'élève à environ 160 millions. En demandant au Corps législatif l'autorisation d'appliquer cette somme à de grands travaux publics et en la divisant en trois annuités, on aurait environ 50 millions par an à ajouter aux sommes considérables déjà portées annuellement au budget.

Cette ressource extraordinaire nous facilitera, non-seulement le prompt achèvement des chemins de fer, des canaux, des voies de navigation, des routes, des ports, mais elle nous permettra encore de relever en moins de temps nos cathédrales, nos églises, et d'encourager dignement les sciences, les lettres et les arts.

Pour compenser la perte qu'éprouvera momentanément le Trésor par la réduction des droits sur les matières premières et sur les denrées de grande consommation, notre budget offre la ressource de l'amortissement, qu'il suffit de suspendre jusqu'à ce que le revenu public, accru par l'augmentation du commerce, permette de faire fonctionner de nouveau l'amortissement.

Ainsi, en résumé :

— Suppression des droits sur la laine et les cotons ;
— Réduction successive sur les sucres et les cafés ;
— Amélioration énergiquement poursuivie des voies de communication ;
— Réduction des droits sur les canaux, et par suite abaissement général des frais de transports;
— Prêts à l'agriculture et à l'industrie ;
— Travaux considérables d'utilité publique ;
— Suppression des prohibitions ;
— Traités de commerce avec les puissances étrangères.

Telles sont les bases générales du programme sur lequel je vous prie d'attirer l'attention de vos collègues, qui devront préparer sans retard les projets de lois destinés à les réaliser. Il obtiendra, j'en ai la ferme conviction, l'appui patriotique du Sénat et du Corps législatif, jaloux d'inaugurer avec moi une nouvelle ère de paix et d'en assurer les bienfaits à la France.

Sur ce, je prie Dieu qu'il vous ait en sa sainte garde.

NAPOLÉON.

Palais des Tuileries, 5 Janvier 1860.

AA

DE LA DÉCADENCE DE LA FRANCE EN 1850.

PAR RAUDOT, DE L'YONNE (*).

CHAPITRE II.

CAUSES DE LA DÉCADENCE ET DES RÉVOLUTIONS DE LA FRANCE.

Si les preuves de la décadence relative de la France sont incontestables, il ne faut pas continuer à dire : la France a des institutions plus parfaites que celles de ses voisins, donc ses progrès doivent être plus rapides; le fait est au-dessus de la supposition ; mais il faut dire au contraire : la France est continuellement en révolution, comme un malade qui s'agite croit trouver dans le changement un soulagement à ses maux et ne fait que les aggraver, la France est en décadence, donc elle s'appuie sur des institutions funestes et sur des principes faux.

Si l'arbre était bon il porterait de bons fruits, il est mauvais puisqu'il donne de mauvais fruits.

Examinons donc ces institutions et ces principes.

TITRE Ier.

LA CENTRALISATION.

« L'Europe nous envie, tout le monde le dit en France, la centralisation puissante qui réunit en un seul faisceau toutes les forces de la France,

» Qui ne forme qu'un seul peuple homogène, où toutes les différences de langage, de races, d'idées disparaissent, où les habitudes, les mœurs, les caractères, les sentiments deviennent de plus en plus et partout les mêmes,

» Qui veille sans cesse au bon ordre et à la prospérité publique, et empêche jusqu'au moindre abus qui pourrait se glisser dans l'administration de la plus petite commune comme du département le plus riche, qui semble réaliser le pouvoir de Dieu embrassant d'un regard l'ensemble et les détails, et réglant tout, donnant la vie à tout dans sa suprême sagesse. »

Aux éloges pompeux de la centralisation opposons la réalité, à l'enthousiasme la froide raison.

La centralisation de l'armée, de la marine, des finances de l'Etat, des relations avec les puissances étrangères, la centralisation gouvernementale, en un mot, qui réunit toutes les forces de l'Etat et assure la grandeur de la France, ne peut trouver comme l'unité de législation, que des partisans et des admirateurs parmi les hommes de sens et les bons Français, mais la centralisation de toutes les affaires provinciales et communales, de tous les intérêts, de toutes les existences, de toutes les idées, de toutes les gloires, de toute la vie d'un grand peuple dans sa capitale, c'est là une des grandes causes de la décadence de la France.

(*) 4e Édition, pages 28 et suiv. — AMYOT, rue de la Paix.

Le Gouvernement français, jusqu'à ces derniers temps, avait le droit de nommer à peu près tous les fonctionnaires publics de la France entière : le nombre en est immense (1). Comme le gouvernement perçoit lui-même, en régie, tous les impots directs ou indirects et administre à peu près tout en France, il a dans ses mains l'existence d'une multitude innombrable de personnes, et son influence s'étend sur la foule encore plus grande des solliciteurs. Les fortunes étant généralement très médiocres, chacun veut augmenter son bien-être en prenant part au budget de l'Etat, et toute la France pour ainsi dire sollicite.

D'un autre coté, le Gouvernement regarde comme un bonheur d'avoir tant de serviteurs obséquieux, de là rivalité entre le gouvernement et une partie du public pour augmenter continuellement le nombre des places.

Presque tous ces fonctionnaires sont dans la dépendance absolue du Gouvernement et hors de toute action des particuliers. Ils ne peuvent être poursuivis pour délits commis dans l'exercice de leurs fonctions par personne, ni citoyen, ni commune, ni association, ni ministère public, sans l'autorisation du Conseil d'Etat qui, lui-même, jusqu'à ces derniers temps. dépendait entièrement du Gouvernement. Les juges seuls des tribunaux sont inamovibles, et encore, grâce aux différentes catégories de juges plus ou moins payés, le gouvernement exerce une grande nfluence sur presque tous les juges par l'espérance d'obtenir une place meilleure.

Il n'existe pour ainsi dire que deux ordres de fonctionnaires indépendants, parce qu'ils ne sont pas payés, les membres des tribunaux de commerce et les maires et adjoints; et encore !   ·

Les Conseils municipaux ne peuvent prendre la moindre délibération, les administrateurs des communes ne peuvent exécuter le moindre travail, sans l'autorisation préalable du ministre et du préfet; ils n'ont pas même le droit de choisir les principaux agents et les fonctionnaires payés par la commune, et pour une partie notable des biens des communes, pour leurs bois, les maires n'ont pas le droit de s'en occuper, une administration embrassant la France entière est chargée de les administrer seule.

Quant aux affaires des départements, aux travaux exécutés avec l'argent du département, les préfets seuls en sont chargés, les Conseils généraux n'ont que des avis à donner une fois par an, et les préfets sont dans la dépendance absolue du ministre.

Une Cour unique apure les comptes de tous les receveurs ou payeurs non-seulement de l'Etat, mais des départements et des communes principales.

Le contentieux administratif de toute la France est soumis au Conseil d'Etat, qui siége à Paris.

On ne peut établir une usine, un barrage, exploiter une mine, faire des règlements sur la boucherie, sur la vente et distribution des eaux de fontaine et rivière et sur les alignements, dessécher des marais, former des Sociétés anonymes, entreprises d'assurances et de tontine, faire un don à des établissements publics, sans que le Conseil d'Etat donne son avis et que le gouvernement prononce.

Il n'est pas un coin de terre en France, pas un homme si modeste que soit sa position qui ne sente ce pouvoir multiple de la centralisation.

Examinons son effet sur toutes les parties du corps social; mais dans tout ce qu'on va lire qu'on ne voie jamais une critique des personnes; je suis plein de sympathie pour les personnes même lorsque je déteste les institutions.

---

(1) Le nombre des agents salariés de tout grade et des citoyens touchant des retraites ou émoluments est de 535,365, non compris 18,000 agents ou légionnaires payés sur le budget de la Légion-d'Honneur, 15,000 cantonniers de route, et les agents de tout grades dépendant du ministère de l'argriculture et du commerce dont le chiffre n'a pas été donné. Il est vrai que 300,000 agents sont payés par les communes, mais plusieurs sont choisis et nommés par le ministre ou les préfets. (Page 64, Ier vol. du Budget de 1850.) (F.)

§ 1. — Effets de la centralisation sur les fonctionnaires et sur les affaires.

Pour rendre cette centralisation praticable, il a fallu diviser tous les fonctionnaires par carrières spéciales, où chacun fait une seule chose et presque jamais une autre. On est toute sa vie membre d'une administration, des contributions directes, par exemple, ou des postes, ou de l'enregistrement, ou des contributions indirectes, ou des forêts, ou des douanes, ou des tabacs; l'un sera sous-préfet, ou préfet, l'autre magistrat, un troisième militaire et dans une arme qu'il ne quittera plus, un quatrième ingénieur. Chacun parqué dans sa spécialité n'en sort pas, le principe de la division du travail a été appliqué à la grande exploitation de la France, et ce principe produit ses résultats accoutumés, chacun devient un des rouages de la machine.

Ces fonctionnaires qui presque toujours ont commencé très jeunes à faire ce qu'ils doivent toujours faire, ne voient les hommes et les choses que d'un seul point de vue, leurs idées finissent par prendre la forme du moule où on les a jetées, et ils rappellent le crâne de certains sauvages déformés par leurs parents sous prétexte d'une plus grande régularité.

Ces fonctionnaires finissent tous par regarder comme chose impossible de faire autrement et de faire mieux que ce qu'ils ont toujours fait; avec eux la routine est souveraine et la destruction des abus impossible...

Pour l'admission aux fonctions publiques. l'avancement et les spécialités, nous entrons de plus en plus dans le système chinois et nous avons les progrès des mandarins.

La centralisation veut, de Paris, diriger tous ces fonctionnaires, savoir tout ce qu'ils font ; elle les tient continuellement à la lisière, même ceux de l'ordre le plus élevé, leur ôte ainsi toute influence personnelle sur les populations; elle craint de les laisser dans leur pays parce qu'ils pourraient y conserver une indépendance, une volonté et une influence à eux, elle les accoutume à n'avoir pas de volonté, à courir du nord au midi et du midi au nord à la poursuite de l'avancement, à recevoir sans cesse l'impulsion d'en haut. Aussi dans les départements les agents les plus élevés du gouvernement n'ont point d'initiative; s'ils ne reçoivent pas d'ordres de Paris, ils hésitent, ne savent quel parti prendre. Dans les occasions difficiles, livrés à eux-mêmes, ils ressemblent au pauvre aveugle qui a perdu la main de son conducteur. On a vu ce triste spectacle dans les dernières révolutions de la France, on le verra encore.

Ce ne sont pas les scrupules de conscience qui les paralysent; qu'ils reçoivent un ordre quel qu'il soit, ils l'exécuteront bien ou mal, mais il leur faut un ordre. L'arbre qu'on a plié dans sa jeunesse, et pendant de nombreuses années, reste toujours courbé et ne peut jamais se relever.

Mais si ces fonctionnaires sont sans dignité, sans volonté devant le pouvoir central, ils font souvent sentir aux particuliers et aux communes leur puissance tracassière ; inviolables pour ainsi dire, puisqu'ils ne peuvent être poursuivis devant les tribunaux qu'avec l'autorisation du Conseil d'Etat, protégés par l'esprit de corps, toujours si puissant, ils peuvent être impunément les agents de l'arbitraire et du despotisme.

L'administration centrale voulant se mêler de tout, régler les moindres affaires, est la plus paperassière qu'il y ait au monde ; chaque préfecture, chaque ministère sont encombrés, il faut dans chaque préfecture une compagnie de commis et dans chaque ministère un corps d'armée.

Le préfet, accablé sous les détails, n'a pas le temps de s'occuper sérieusement des grandes améliorations à provoquer ou à faire. Dans un département moyen, le préfet reçoit chaque jour soixante à soixante-dix paquets qui contiennent cent affaires environ, et il doit donner quarante mille signatures au moins dans l'année. Les commis qui n'ont point de responsabilité, dont la vue ne s'étend guère au delà de leur bureau, prennent nécessairement une influence considérable sur l'expédition des affaires. Elle est d'autant plus grande que les préfets ne font souvent que paraître et disparaître.

Aux ministères, c'est encore pis : les affaires de la France entière y affluent. Si tous les procès jugés aujourd'hui souverainement par les Cours d'appel devaient être instruits seulement en province et jugés à Paris par le garde des sceaux, ou plutot par les commis de la chancellerie, il n'y aurait qu'un cri d'un bout de la France à l'autre contre un système aussi monstrueux. Eh bien ! ce qui révolterait pour la justice s'exécute complétement pour l'administration de la France entière.

Le temps employé à éconduire les solliciteurs qui viennent fondre sur lui de toutes les parties de la France, à signer des monceaux de pièces qu'il est dans l'impossibilité de lire, les discussions souvent minutieuses des Chambres, absorbent le ministre, de sorte qu'il lui est impossible de s'occuper des grandes mesures et de faire des études sérieuses pour la réforme d'institutions mauvaises ou la création de grandes choses. Les ministres semblent régner, les commis gouvernent, de leur mieux, sans doute, mais Dieu sait comme !

Les ministres deviennent des machines à signatures ; et comme par l'accroissement continuel du nombre des signatures ces machines ne pouvaient suffire à la besogne, il a fallu en augmenter le nombre. On a créé de petits ministres qui naturellement, voulant augmenter leur importance et rivaliser avec leurs aînés, ne peuvent y parvenir qu'en augmentant encore la centralisation, qu'en faisant exécuter plus de choses encore par l'Etat, qu'en dépensant plus d'argent. Les petits ministres veulent devenir grands et ne le peuvent qu'aux dépens des administrés et des contribuables.

En multipliant les ministres et en accroissant les attributions du Conseil d'Etat, on a multiplié les rouages ; les affaires doivent souvent passer dans deux, trois, quatre ministères pour recevoir une solution définitive ; on a de cette manière accru deux, trois, quatre fois les lenteurs et les servitudes de la centralisation.

Je sais que contre les abus, ou peut-être en faveur des abus, on a imaginé la responsabilité ministérielle. Les ministres sont responsables non-seulement de leurs actes, mais encore de tous les actes de leurs agents. Cette responsabilité immense, imposée à de pauvres ministres qui n'ont pas même le temps de lire ce qu'ils sont obligés de signer, et dont on pourrait bien dire aussi : *Pardonnez-leur, car ils ne savent ce qu'ils font* ; cette responsabilité impossible est un grand mot vide de sens, une véritable dérision : c'est l'anéantissement de toute responsabilité réelle et la consécration de l'omnipotence bureaucratique et despotique.

En résumé, un véritable administrateur est une rareté, un homme d'Etat un prodige en France.

Nous avons bien des maçons, des manœuvres, des charpentiers, des chefs d'atelier, des entrepreneurs, beaucoup de surveillants divers, mais point d'architectes ; ceci explique comment nous avons si souvent la confusion des langues.

§ 2. — Effets de la centralisation sur les administrés et sur la prospérité publique.

L'inviolablité assurée aux fonctionnaires, la centralisation et ses mille bras que peuvent vous atteindre partout ont pour résultat de rendre les citoyens timides en tremblants toutes les fois qu'ils ont des intérêts à débattre avec l'Etat ou ses agents ; ils sentent leur impuissance, se taisent ou se courbent en attendant ou en appelant une révolution.

Cet état de choses, joint à la médiocrité des fortunes, fait désirer a une multitude de personnes de devenir fonctionnaires publics afin d'avoir leur part de puissance et de budget. Aussi le Gouvernement voit-il sans cesse dans ses antichambres une nation de mendiants d'élite qui lui demandent l'aumône d'une place.

Le Gouvernement n'a pas même eu assez des particuliers solliciteurs de places et de faveurs. Il se fait attribuer des sommes pour donner en secours, c'est-à-dire en aumônes; il a imaginé divers moyens de rendre les communes, les départements, les populations entières solliciteurs en grand. Sans compter les travaux publics qui sont un puissant moyen de tenir des pays entiers dans sa dépendance, la centralisation lui accorde des fonds qu'il distribue selon sa volonté aux bureaux de bienfaisance et aux établissements destinés à soulager la misère, aux communes et aux départements pour fonder des écoles, faire des suppléments de traitement aux professeurs de leurs colléges, construire des bâtiments, réparer des monuments historiques, venir en aide à l'insuffisance de leurs ressources. Le système a, en outre, l'inconvénient de perpétuer, en leur donnant la faculté de vivre aux dépens de la masse, des communes beaucoup trop petites, trop pauvres et qui devraient être réunies aux communes voisines.

Ainsi les populations sont sans cesse excitées à solliciter pour obtenir l'aumône du Gouvernement, et en France, particuliers, communes, hospices, bureaux de bienfaisance, départements, tendent sans cesse la main au ministre.... ....

........La centralisation ayant la haute main sur toutes les affaires des communes, ne leur permettant jamais de rien exécuter sans son autorisation et sa direction, les conseillers municipaux et les maires sont dégoûtés de tenter des améliorations que cette centralisation avec ses écritures, ses délais, ses minuties, rend si longues, si difficiles à réaliser.

Quant aux conseillers généraux de département, réunis quelques jours par an pour donner leur avis sur des objets souvent fort importants, ils n'exécutent rien, l'administration tout entière du département est remise aux préfets et aux agents du Gouvernement, et les conseillers généraux donnent leur avis sur des affaires dont l'instruction a été faite et la décision préparée par ces préfets et ces agents. Les conseillers généraux n'ont pas l'expérience, la pratique des affaires, et si par hasard quelques-uns d'entre eux veulent tenter des réformes ou des améliorations, la force d'inertie, le mauvais vouloir de tous les agents de la centralisation chargés de préparer la décision ou de l'exécuter, font échouer contre une foule d'écueils ces réformes et ces améliorations.

Ce système a pour résultat d'anéantir l'émulation, le zèle, l'initiative parmi les représentants des localités élus par les citoyens; pour la moindre amélioration Dieu sait combien il faut d'efforts, de ténacité ; la vie d'un homme s'y épuise ; la province est abandonnée par les plus riches propriétaires qui n'ont rien à y faire, les capitaux vont de plus en plus dans la grande ville, l'agriculture est abandonnée à la pauvreté et à la routine. Les Français sont traités sans cesse par leur Gouvernement comme des enfants ayant besoin d'une tutelle continuelle ; avec ce régime, ils restent enfants et souvent enfants terribles au lieu d'être des hommes fermes et raisonnables, et d'un autre coté leurs tuteurs ne peuvent bien gérer leurs affaires.

Qu'importent aux agents du pouvoir central, aux commis de la préfecture et aux commis des ministères les améliorations à faire dans une commune, dans un département? ils sont au contraire naturellement hostiles à toute affaire nouvelle, parce que c'est un dossier de plus, de la besogne de plus, et que leur bureau est déjà encombré. Qu'importent aux préfets et aux agents du Gouvernement des améliorations à faire dans un département où ils n'ont ni famille, ni propriétés, ni intérêts; où ils ont été envoyés souvent comme dans un lieu d'exil, qu'ils quitteront peut-être demain, et fuiraient aujourd'hui même si on leur donnait autre part une meilleure place? S'ils tentent des améliorations ce sera dans l'espérance d'attirer ainsi les regards du ministre, souverain maître de l'avancement, et souvent ces améliorations, destinées à faire du bruit, seront la ruine des finances du département et auront coûté plus cher qu'elles ne valent.

Dans les entreprises et les travaux publics, peut-il y avoir de l'esprit de suite lorsque les administrateurs sont dans un état de mobilité perpétuelle? Et sans esprit de suite que peut-on faire de bien et de grand?

Voilà une des grandes causes de la décadence de la France.....................
....

§ 5. — Effets de la centralisation sur la fortune publique.

Les affaires des finances ont été centralisées comme toutes les autres.

On a créé à Paris une caisse des dépôts et consignations où des particuliers et des officiers publics peuvent ou sont obligés de verser, de tous les points de la France, des sommes dont le chiffre total s'élevait, en 1848, à 187 millions, non compris l'argent des caisses d'épargne.

On a forcé tous les départements, toutes les communes, tous les établissements publics à confier au Trésor de l'Etat toutes les sommes qui leur appartiennent et dont il n'est pas fait un emploi immédiat.

Les économies du peuple de toute la France, qui forment des centaines de millions, ne font que passer dans les caisses d'épargne pour être centralisées dans le Trésor de l'Etat ou plutot dans la caisse des dépôts et consignations chargée de les gérer.

Enfin on vient, depuis la dernière révolution, de confondre toutes les banques en une seule dont le siége est à Paris, et qui étend son privilége sur toute la France.

Paris est ainsi de plus en plus le souverain maître du crédit et des capitaux.

Le Trésor de l'Etat reçoit chaque année 12 à 1,300 millions d'impots ; comment cet argent, levé sur toutes les parties de la France, est-il ensuite distribué ?

Toute la France est appelée à payer une masse énorme de dépenses faites à Paris. En 1844, par exemple, et cette année n'a rien de particulier, 77 départements ont versé au Trésor de l'Etat 502 millions de plus qu'ils n'en ont reçus, 8 départements ont reçu du Trésor 52 millions de plus que leurs versements, et les payements du Trésor de l'Etat ont excédé dans le seul département de la Seine de 324 millions les recettes qu'il a faites dans ce département. En 1847, l'excédant des payements sur les recettes dans le département de la Seine a été de 395,713,043 fr.; en 1848, il s'est élevé à 475 millions. Il est vrai que dans cette somme se trouvent les payements d'une partie des rentes sur l'Etat et de dépenses opérées en province, mais ce fait ne prouve pas moins que tout se centralise de plus en plus à Paris, et que presque tout l'argent y vient.

En 1847, 1,321 millions de recettes ont été effectuées sur le territoire européen de la France, 552 millions ont servi à des payements dans le seul département de la Seine. En 1848, sur 1,329 millions de recettes, y compris l'impot des 45 centimes, 613 millions ont servi à des payements dans ce seul département !

Rome, pour alimenter son luxe, ses spectacles, pour nourrir, enrichir ses citoyens, construire ses monuments gigantesques, et satisfaire aux caprices et aux appétits du peuple roi, attirait dans son sein l'argent de l'univers, mais Rome avait fait la conquête de ses provinces appauvries.

Ce n'est pas seulement le Trésor de l'Etat qui pompe l'argent de toutes les parties de la France, pour le verser à flots dans la capitale et quelques lieux privilégiés. La centralisation force une multitude de personnes à venir de tous les points de la France à Paris pour plaider, solliciter une place ou de l'avancement, presser la décision d'une affaire administrative, d'une concession, et, par conséquent, à dépenser leur argent dans la capitale.

Par ses musées, ses bibliothèques, ses établissements d'instruction supérieure, ses écoles de beaux-arts, créés aux frais du Trésor, par ses grands théâtres, ses fêtes, ses Expositions payées par l'Etat, Paris attire les personnes les plus riches des départements, et elles y dépensent leurs revenus et souvent leur capital.

Le Gouvernement tend à concentrer à Paris, non-seulement les grandes écoles, mais les grandes industries dont il a le monopole, comme les tabacs (1), les monnaies, l'imprimerie nationale ; il attire ainsi un grand nombre d'ouvriers, et il fait chaque jour des pas nouveaux dans cette voie.

D'un autre coté, tant d'argent dépensé, soit par l'Etat, soit par les particuliers, attire à Paris une foule d'ouvriers ou de malheureux qui ne trouvent plus d'ouvrage et plus de pain dans leurs localités si pauvres. Le budget tel qu'il est dépensé est un excitant continuel au déclassement des hommes et des populations, et un accroissement continuel des dangers qui en sont la suite (2).

Les dépenses de ce budget immense et toujours croissant se font, pour la plus grande partie, dans la capitale d'abord, et ensuite dans les autres villes bien plus que dans les campagnes, de sorte que pour cette cause, réunie à l'agglomération de l'industrie, la population de presque toutes les villes principales s'est accrue beaucoup plus que celles des campagnes, malgré ces douanes intérieures qu'on avait décorées du nom libéral d'octrois de bienfaisance.

Paris étant le pays de tout le monde, le commerce tend à s'y centraliser comme la politique ; c'est là où l'on vient acheter de toutes les parties de la France. Paris est même devenu la ville de France la plus importante pour les manufactures et l'industrie.

Du reste, on a organisé les moyens de communication du territoire entier pour ce monopole de Paris : presque toutes les routes partent de Paris pour se rendre dans les différentes directions aux extrémités de l'Empire ; il semble que tous les départements n'aient de relations qu'avec Paris, et ne doivent pas en avoir entre eux ; de l'est a l'ouest de la France, il n'y a que deux routes directes ne passant pas par la capitale. Les grands chemins de fer terminés ou en cours d'exécution partent tous de Paris.

Tout afflue à Paris, tout languit en province, à l'exception de quelques villes entrepôts de la grande capitale...

De 547,000 habitants en 1806, Paris est arrivé en 1846 à une population de 1.053,000 ; les villages qui l'entouraient sont devenus des villes ; et la population entière du très petit département de la Seine, qui n'était que de 603,000 individus en 1806, s'est élevée en 1846 à 1,364,000 ; elle a plus que doublé, tandis que le reste de la France n'a augmenté que d'un sixième.

Et ce système, en définitive, aura-t-il pour résultat d'assurer le bonheur, la tranquillité, la stabilité de Paris ? Qu'on en juge par ce qui se passe aujourd'hui sous nos yeux. Paris est lui-même victime de sa grandeur élevée sans bases solides, aux dépens de la justice ; il a voulu à lui seul disposer de la fortune de l'Empire, et sa richesse est frappée à mort par ses prétoriens ; il avait altéré la source de la prospérité du pays entier, il a fini par tarir lui-même la source de sa propre prospérité.

Une nation ne peut faire de grands progrès en richesse et en population que lorsque les améliorations s'étendent sur un vaste territoire ; des progrès sur un point isolé, dans quelques villes, sont bien peu de chose dans un grand Etat ; des améliorations dans chacune des 37,000 communes de France qui augmenteraient le revenu de chaque hectare de quelques francs, donneraient un accroissement de richesses et d'aisance infiniment plus considérable que l'accroissement en serre chaude de quelques villes.

Un grand fleuve n'est formé que par des ruisseaux ; si Dieu faisait tomber tout l'eau qui les alimente sur la seule vallée où coule le fleuve, les ruisseaux seraient desséchés, les vallées secondaires stérilisées, et la vallée principale se couvrirait, par l'excès d'humidité, de plantes gigantesques, mais grossières et inutiles, et de reptiles immondes.

---

(1) Dans la manufacture des tabacs de Paris, la fabrication s'est accrue de 49 0/0 de 1837 à 1849. (Voy. Budget de 1850, Ier vol., p. 160) ; il y a 160 ouvriers.

(2) Le mode de recrutement de l'armée, qui, chaque année, enlève tant de jeunes gens à leurs habitudee et à leurs professions pour leur faire passer sept ans dans les villes de garnison ; est aussi une grands cause de ce déclassement.

Mais il est un autre point de vue sous lequel il faut considérer l'effet de la centralisation sur la fortune publique.

La centralisation veut tout faire, prétend créer toutes les améliorations ; elle ne veut pas se borner à assurer la défense du territoire, le respect des puissances étrangères pour notre indépendance et nos droits, la tranquillité et le bon ordre intérieurs, le maintien des droits et la liberté de chacun ; elle veut donner elle-même l'instruction aux enfants et aux jeunes gens, enseigner l'agriculture aux agriculteurs ; faire elle-même tous les grands travaux publics, les exploiter et les entretenir ; elle veut percevoir elle-même toutes les recettes des communes et des départements comme celles de l'Etat ; elle veut faire elle même tout le matériel nécessaire à l'armée et à la marine, accrues sans cesse dans l'espérance d'obtenir le dévouement par l'avancement et de jouer un role important et applaudi sur la scène du monde ; elle veut bien plus, elle prétend donner de l'ouvrage aux uns, des aumones aux autres, soulager toutes les misères, et redresser les torts de la fortune, elle prétend jouer le role de la Providence ; le résultat de ce merveilleux système, c'est que les charges publiques vont sans cesse en augmentant.

De 1829 à 1847, les dépenses de l'instruction publique s'élèvent de 1,953,000 francs à 18 millions.

Le ministère de l'intérieur, de 60 millions s'élève à 133.

Le ministère de l'agriculture et du commerce, de 3 à 14 millions.

Le ministère des travaux publics, de 46 millions à 204.

Le ministère de la guerre, de 194 à 374 millions.

Le ministère de la marine, de 57 millions à 129.

Et les frais de régie, de perception et d'exploitation des impots et revenus s'élèvent de 129 à 154 millions.

Les dépenses qui, en 1829, étaient de 1 milliard 21 millions, qui, en 1838, ne s'élevaient encore qu'à 1 milliard 86 millions, atteignent, en 1847, le chiffre de 1,620 millions, plus de 500 millions d'augmentation en dix ans ! A quel chiffre effrayant les dépenses atteindront-elles sous la République, si, en vertu des principes démocratiques, toutes les fonctions quelconques doivent être salariées, si l'assistance publique doit secourir toutes les misères, et si la démocratie qui vit ou voudrait vivre du budget est plus puissante que la démocratie qui le paye !

A la première grande crise on commence à comprendre avec surprise et terreur le résultat de ce merveilleux système ; on voit enfin les dépenses en disproportion avec les ressources du pays, la partie réellement productive de la nation s'épuisant à nourrir le nombre toujours croissant des salariés de toute espèce, de ceux qui vivent aux dépens du travail fructueux, la source du bien-être et de la richesse altérée, la misère accrue, la puissance extérieure de la France, sa force réelle et son influence morale se perdant par cette détresse financière, et une effroyable guerre civile, un bouleversement social pouvant être la suite d'impots excessifs et de la banqueroute.

On se fait d'étranges illusions sur la richesse de la France et sur l'effet de l'impot que l'on déclarait le meilleur des placements, et dont on voyait avec bonheur l'accroissement continu.

Les contributions de toute nature se sont élevées successivement jusqu'à 12 et 1,300 millions. Pour savoir si la France peut supporter ces charges, connaissons son revenu réel et net........ ....

§ 6. — La centralisation a engendré et propagé les idées communistes.

Dans tous les temps, des rêveurs se sont amusés à refaire sur le papier la société tout entière, mais presque toujours leurs rêveries inapplicables naissaient et mouraient dans la solitude et n'agitaient qu'un petit nombre d'esprits curieux. L'idée de supprimer toute propriété particulière, de mettre tout en commun, était passée dans la tête de plus d'un philosophe, de plus d'un rhéteur des siècles passés, mais, jamais une grande et puissante société n'avait pu craindre d'être bouleversée de fond en comble par de pareilles absurdités, contraires à la nature de l'homme et dont la conséquence serait la misère et la ruine de tous. Comment se fait-il que ces idées aient pris en France assez d'extension et de puissance pour faire craindre les plus grands malheurs?

Depuis cinquante ans les générations françaises sont imbues de cette idée que la centralisation est admirable, que particuliers, communes, départements ont un besoin indispensable de la tutelle de l'Etat; qu'ils sont incapables de faire rien de bien si l'Etat ne leur dirige la main, de se mouvoir et de marcher si l'Etat ne les tient sans cesse à la lisière.

Malgré cette tutelle continuelle, on voit cependant encore bien des malheureux, bien peu de bonheur pour les masses; alors socialistes et antisocialistes s'imaginent que l'Etat ne fait pas encore assez, ne dirige pas encore assez de choses : on le charge de plus en plus de faire la charité, de donner de l'ouvrage aux ouvriers, on augmente sans cesse les fonds communs à distribuer aux communes, aux établissements de bienfaisance, aux départements ; on veut qu'il apprenne leur métier aux agriculteurs, qu'il fasse la colonisation agricole, on s'accoutume de plus en plus à le regarder comme le dieu de la machine; on finit par considérer la liberté de l'individu qui peut en faire un mauvais usage, la propriété particulière dont on peut user fort mal, comme un trouble au jeu des rouages et à cette uniformité que l'Etat seul peut prescrire et assurer. Pourquoi l'Etat qui choisit ses armées de fonctionnaires, et fait toutes les affaires administratives, qui est déjà fabricant et marchand de tabac, imprimeur, constructeur de vaisseaux, fabricant d'armes, de machines et de voitures, tailleur, bottier, sellier, meunier, boulanger pour l'armée et la marine, directeur des messageries sur les chemins de fer, entrepreneur de transports par mer, propriétaire exploitant de bains d'eaux thermales, professeur de belles-lettres, de beaux-arts, de chant et de danse, instituteur, banquier du peuple par les caisses d'épargne, banquier des départements, des communes et des établissements publics dont il reçoit et exploite les fonds, ne serait-il pas encore chargé d'établir une harmonie absolue, de faire marcher la société entière? Pourquoi ne serait-il pas le seul véritable propriétaire distribuant à chacun sa part de la fortune publique équitablement et selon ses besoins? il faut que tout soit mis en commun.

Dans un autre ordre de société, avec d'autres institutions, ces idées seraient mortes d'elles-mêmes, parce que leur application aurait rencontré des obstacles invincibles, parce qu'elles n'auraient trouvé nulle part les moyens de passer de la rêverie à l'exécution.

Mais avec les puissances de cette centralisation, il n'est pas d'idée extravagante qui ne puisse espérer d'être mise à exécution si des adeptes peuvent s'emparer, dans un jour de combat, de cette machine qui broie toutes les résistances.

Le communisme né de la centralisation, s'agrandit par l'espoir qu'elle lui a préparé les voies, façonné les hommes et qu'elle lui donnera la puissance de s'imposer à la France.

D'ailleurs cette centralisation, si elle continuait à grossir son budget et son armée d'agents, avec autant de rapidité qu'elle le fait depuis quinze ans, serait avant un siècle le communisme lui-même en action; les propriétaires ne seraient plus que les fermiers épuisés et misérables de leurs biens, et l'Etat tiendrait dans sa main l'existence et la conscience d'une population servile, d'incapables et d'affamés dont les aïeux formaient la glorieuse nation française.

§ 7. — La centralisation perpétue les révolutions.

Il semble qu'un pouvoir si concentré, qui tient en ses mains toutes les forces de l'Etat, dispose d'une multitude d'existences, domine tous les individus faibles et isolés et toutes les parties de la France sans force et sans vie propres, devrait ne jamais craindre d'être attaqué ni renversé, et cependant, depuis soixante ans, la France est continuellement en révolution ; d'où cela vient-il ?

Le Gouvernement, faisant énormément en France, a la responsabilité de tout, et il chancelle sous le poids de cette responsabilité.

Tous les intérêts froissés, tous les amours-propres blessés, si petits qu'ils soient, s'en prennent au Gouvernement ; pour la cause la plus minime qui, dans un ordre de choses régulier, ferait désirer seulement le changement ou la punition d'un fonctionnaire subalterne, on voudra renverser le Gouvernement.

La classe, le pays qui souffriront pour une cause souvent au-dessus du pouvoir de l'homme, accoutumés à penser que le gouvernement fait tout et peut tout, le rendront responsable de leurs pertes, de leurs misères, et voudront le changer.

Le Gouvernement dispose d'une multitude de places, mais le nombre des postulants étant encore bien plus grand, il est obligé de faire toujours plus de mécontents que de satisfaits : ceux qui restent en dehors sont toujours prêts à enfoncer les portes, et des subalternes, voulant devenir chefs, entr'ouvent ces portes aux assiégeants.

Et au moment du danger, sur qui le Gouvernement peut-il compter ? On ne s'appuie que sur ce qui résiste, a dit avec raison un homme de grand esprit ; la servilité ne donne point de dévouement.

La vie n'existant qu'au centre et tout le reste étant instrument, les ennemis du Gouvernement ont toujours l'espoir de le renverser, parce qu'il leur suffit de saisir le machiniste et se mettre à sa place pour faire marcher la machine à leur profit.

C'est ce que le général Mallet avait admirablement compris ; ce prisonnier d'Etat s'échappe de sa prison et ose dire : *Je suis le Gouvernement, obéissez-moi* ; et il trouve des soldats et de hauts fonctionnaires qui obéissent, et il est sur le point de faire à lui seul une révolution. Il s'en prenait cependant au géant du monde, à Napoléon ; mais Napoléon était à Moscou et Mallet à Paris. Toute révolution faite à Paris est faite dans toute la France.

C'est un bien dans le mal, disent quelques personnes, il ne peut au moins y avoir de guerre civile qu'à Paris, jamais dans le reste de la France. Mais une des causes de la fréquence des révolutions, c'est précisément cette conviction générale qu'il suffit de renverser le Gouvernement à Paris pour qu'il le soit dans toute la France. Chaque parti espère profiter d'un moment favorable, avoir sa journée et s'emparer du pouvoir central par un coup du dé de la fortune.

Si on était convaincu qu'une révolution faite à Paris serait à refaire dans vingt départements, qu'il ne faudrait pas une journée pour réussir, mais des années, quelques milliers de conjurés, mais des armées, on ne chercherait pas si souvent à faire des révolutions.

La France, depuis soixante ans, subit les changements en tous sens que lui impose une seule ville, que dis-je ? une poignée d'hommes de cette seule ville ; on écrit de Paris à la plus glorieuse nation de l'Europe qu'il faut crier aujourd'hui *vive le Roi*, demain *vive la Ligue*, après-demain n'importe quoi, et elle crie ou laisse crier. Jamais on ne vit, chez une grande nation, pareille abnégation, absence aussi complète de volonté et de dignité ; les hommes sont descendus au niveau de l'ilote qui obéit au vainqueur quel qu'il soit.

La guerre civile est sans doute un affreux malheur, mais une nation peut sortir grande, forte, énergique, de la guerre civile ; la bassesse, la servitude, érigées en système, peuvent faire, au bout de quelques générations, d'une grande nation une multitude abâtardie prête à subir la conquête..

§ 2. — SYSTÈME DE TRAVAUX PUBLICS.

La plupart des grands travaux publics sont ordonnés par l'Etat, exécutés par ses ingénieurs avec l'argent de l'impôt.

L'ingénieur ordinaire fait un projet sur l'ordre de ses chefs, jamais ou presque jamais de son propre mouvement; ce projet doit être examiné et approuvé par l'ingénieur en chef, qui souvent le modifie; ensuite, il doit être nécessairement soumis au conseil général des ponts et chaussées, qui l'accepte, le rejette ou le modifie définitivement.

Le projet revient ensuite à son auteur, qui doit l'exécuter, même lorsque ses plans ont été changés malgré lui, ou à son successeur, qui exécute un projet qui n'était pas le sien et qu'il aurait fait souvent tout autrement.

Non-seulement toute responsabilité est ainsi détruite, mais cette hiérarchie rigoureuse empêche la spontanéité, les inventions heureuses, les améliorations, tout devient routine.

L'ingénieur qui voudra innover, faire autrement et mieux que ses collègues, sera mal vu de ses chefs; ses succès seraient la critique de leurs actes. Il est dangereux d'avoir plus d'esprit, de capacité que ses supérieurs; il est plus avantageux de se résigner à la médiocrité. qui n'offense personne et plaît à tout le monde, on est mieux avec ses collègues et ses chefs, on a la vie plus douce et on peut espérer un avancement plus rapide.

Quant au conseil des ponts et chaussées, il est composé de tous les inspecteurs divisionnaires, c'est-à-dire en grande majorité de vieillards, qui sont presque infailliblement, la nature le veut ainsi, les ennemis de tout ce qu'ils n'ont pas fait dans leur jeunesse ou leur âge mûr, de toutes les innovations. Ils décident ensuite toutes les questions sur pièces, sans avoir vu les lieux, c'est-à-dire à peu près en aveugles.

Le conseil supérieur, souverain juge de tous les projets de travaux des ponts et chaussées qui s'exécutent dans toute la France, est une entrave perpétuelle et un obstacle permanent à tous les progrès.

Il en est de même de la commission supérieure des bâtiments civils pour les grands travaux d'architecture.

Tous les travaux publics sont exécutés par des ingénieurs ou fonctionnaires qui sont ici aujourd'hui et demain à cent lieues de là peut-être; que leur importe la prospérité du département où il ne feront que passer?

Le Trésor de l'Etat payant ces travaux, nul n'a un intérêt personnel, sérieux, puissant à ce qu'on n'exécute jamais que les travaux réellement utiles, qui rapportent plus qu'ils ne coûtent, bien au contraire.

D'un autre coté, le Gouvernement est assailli de demandes, de réclamations; chaque localité veut, comme telle autre localité favorisée, obtenir aussi une route, un canal, un chemin de fer, et c'est de toute justice; pourquoi les pays pauvres qui ont contribué par leurs impots à faire de grands travaux dans les pays riches n'auraient-ils pas aussi chez eux des travaux du même genre; qu'importe que ces travaux ne puissent jamais rapporter ce qu'ils coûteront? Puiser dans le Trésor de l'Etat le plus que l'on peut, c'est du patriotisme et de l'habileté: chacun pousse ainsi aux dépenses exagérées, et souvent inutiles. Et le Gouvernement, profitant de cette manie qui augmente son influence, fait de grands projets qui prêtent aux grandes phrases, aux développements pompeux; on élève ou on achève des monuments dignes des siècles de Léon X ou de Louis XIV, on réunit le Rhone au Rhin, le Nord et le Midi, l'Océan et la Méditerranée, etc.; il est vrai que les canaux, par exemple, qui doivent opérer ces merveilleux résultats, aboutissent à des rivières à sec; il est vrai qu'on prend aux communes, pour faire ces travaux gigantesques, l'argent qui leur aurait servi à rendre viables leurs chemins vicinaux, cent fois plus utiles; il est vrai qu'on appauvrit le pays au lieu de l'enrichir. mais qu'importe? ces travaux sont la gloire de la France et de son administration.

Dans ce grand combat que chaque localité livre au Trésor public, les départements les plus riches, et, par conséquent, les plus influents, ceux que l'on tient à ménager et que l'on craint, obtiennent un plus grand nombre de travaux que les pays pauvres, et, par conséquent, sans influence et que l'on ne craint pas; on enrichit les riches et l'on appauvrit les pauvres.

(7)

Autre considération :

Le Gouvernement doit, autant que possible, ménager les députés de chaque contrée de la France ; pour satisfaire un peu chacune d'elles, il commence beaucoup de travaux ; mais par insuffisance de fonds ainsi disséminés, il ne termine rien que très lentement, et, comme la plupart de ces travaux sont improductifs, tant qu'ils ne sont pas achevés, l'État dépense, en perte d'intérêts, le quart, le tiers, la moitié, et souvent plus, de la somme principale nécessaire pour les achever.

Presque tous ces travaux sont exécutés ensuite de la manière la plus dispendieuse. L'ingénieur de l'État, n'ayant aucun intérêt personnel à les faire avec économie, ne pense trop souvent qu'à sa gloire d'ingénieur, l'argent n'est rien pour lui : il oublie complétement que tout travail public doit accroître la richesse publique, et non la diminuer, et que dépenser un million, pris au public, pour accroître le revenu général de 5,000 fr. ou de zéro, est une folie criminelle ; il ne verra que la beauté du travail, l'honneur qu'il en retirera, la croix ou la place d'ingénieur en chef ; il devrait voir, avant tout, l'utilité du travail.

Le Gouvernement a compris qu'il ne pouvait, sans dilapider la fortune publique, faire exécuter ces travaux par régie, et qu'il fallait des entrepreneurs ; mais il s'est réservé le droit de faire juger toutes les contestations qu'il pourrait avoir avec les entrepreneurs par la justice administrative, c'est-à-dire, par ses agents révocables à sa volonté, et d'obliger ces entrepreneurs récalcitrants, fussent-ils domiciliés à deux cents lieues, à venir plaider en appel à Paris, devant le Conseil d'Etat ; de sorte que les ingénieurs, armés en outre de cahiers des charges très sévères, sont toujours sûrs de ruiner les entrepreneurs à volonté. Quel est l'homme bien solvable, placé dans une position un peu élevée, qui voudrait consentir à être entrepreneur des travaux publics? Bien rarement un homme ainsi placé, qui par son crédit espérera échapper à la domination et aux vexations, consentira à entreprendre un vaste travail. Presque toujours les entrepreneurs seront des industriels ayant peu de chose à perdre, qui se rattraperont par la mauvaise confection des travaux et la complicité des agents subalternes, de marchés onéreux, et ce système a pour résultat des travaux souvent mal faits et fort dispendieux.

Mais l'Etat ne se borne pas à faire exécuter des travaux publics, il veut les entretenir et souvent les exploiter.

L'entretien, besogne fastidieuse, sans intérêt et sans gloire, qui exige partout une surveillance continuelle et impossible de l'ingénieur, coûte très cher, grâce aux entraves de la paperasserie, qui empêche les réparations de se faire à l'instant même, grâce au système de régie qui rend souvent les ouvriers payés à la journée de véritables fainéants d'ateliers nationaux; et quoique l'entretien coûte très cher, il est fait souvent d'une manière incomplète.

L'Etat exploite lui-même le péage de ses canaux ; il voudrait commencer à exploiter les chemins de fer, et dans cette régie la routine domine, nulle amélioration, nul souci de se prêter aux besoins, aux habitudes du commerce, d'augmenter les recettes; la régie est fort chère, fort insouciante, et la recette est nulle ou à peu près..........

.... En résumé, tous les travaux que l'État exécute sont entrepris presque tous sans raisons suffisantes, exécutés sans aucun esprit d'économie, entretenus très chèrement et exploités de la manière la plus déplorable. L'État pour toutes ces opérations se surveille lui-même, c'est assez dire que la surveillance est nulle ou à peu près. Mieux aurait valu laisser l'argent des ces travaux aux contribuables, ils en auraient fait un emploi bien plus utile.

D'un autre coté, les travaux publics qui sont faits par des associations particulières à leurs risques et périls, et par conséquent presque toujours avec des conditions probables de succès, avec économie, et qui seraient exploités avec activité et sagesse, rencontrent pour premier obstacle le puissant esprit de corps des ponts et chaussées, très désireux de conserver le monopole des travaux publics. Les projets des compagnies doivent être approuvés par le conseil supérieur de ce corps si jaloux ; on entrave leurs demandes, on leur impose des conditions onéreuses, on suspend sans cesse l'épée de Damoclès sur leur tête, de sorte que le corps des ponts et chaussées fait mal et empêche de bien faire.

Enfin, on ne veut faire aux compagnies que des concessions temporaires, les plus courtes possibles, et l'on ote ainsi à l'industrie son ressort le plus puissant, au pays sa stabilité en multipliant les fortunes viagères, et l'on introduit ainsi dans les lois et dans les mœurs le principe de la spoliation et du communisme, en donnant à l'État le droit de s'emparer, à un moment donné, non-seulement d'une vaste industrie mais de propriétés foncières et mobilières achetées et créées par les compagnies avec l'argent des actionnaires.

Nos finances ont été profondément altérées par les dépenses des chemins de fer : et cependant ils sont beaucoup moins nombreux et moins avancés en France qu'aux États-Unis, en Angleterre et même en Allemagne.

Le système des travaux publics de la France, quoique les ingénieurs soient en général très instruits, très capables et très probes, cause une énorme déperdition de la fortune publique et oppose un obstacle perpétuel aux progrès, parce que c'est le système de la centralisation et du monopole.

Bien des personnes cependant, et dont la réputation de capacité est grande, s'imaginent que la raison politique doit empêcher le Gouvernement de renoncer à ce monopole. Les travaux de l'État ont, à leurs yeux, le grand avantage de donner de l'ouvrage aux ouvriers, de prévenir leur misère et d'augmenter leur bien-être.

N'est-ce pas une illusion funeste ? L'État ne pouvant faire travailler des ouvriers qu'avec l'argent de l'impot ne peut donner de l'ouvrage sur un point, qu'en le paralysant sur d'autres. Si, par exemple, pour exécuter un grand travail, l'État lève un impot de 300,000 fr. sur mon arrondissement, il ote à chacun de mes compatriotes autant de moyens de travail ; ces 300,000 fr. laissés dans la localité, auraient même fait exécuter, grâce au désir de chacun de tirer un bénéfice de son argent, pour plus de 300,000 fr. de travaux réellement utiles, sans forcer les ouvriers à quitter leur familles et leur pays. Consacrés par l'État à une grande entreprise sur un point de la France, ces 300,000 fr., diminués par les frais de perception et de régie, payant des ouvriers agglomérés, produiront une somme de travail et de bien-être beaucoup moins grande.

Règle générale, l'État ne crée pas de l'ouvrage, il le déplace et souvent d'une manière très fâcheuse ; l'État ote toujours plus d'ouvrage qu'il n'en donne............

§ 2. — Gouvernement représentatif

Pendant longtemps on a regardé, et beaucoup de personnes regardent encore le Gouvernement représentatif comme le remède à tous les maux, comme la source de toutes les améliorations et de toutes les propriétés.

Cette foi dans ce système de Gouvernement est quelque peu ébranlée aujourd'hui. Pour être juste toutefois il faut examiner comment il était appliqué ; on ne doit pas voir seulement la forme mais le fond.

En France, jusqu'au 24 février 1848, le système représentatif, où le petit nombre était électeur, se combinait avec une centralisation extrême.

Voici le résultat : la plupart des électeurs donnaient leurs voix en échange de places ou d'autres avantages personnels, ou du moins en échange de l'espérance de les obtenir; les députés étaient les humbles serviteurs de leurs électeurs influents, le Gouvernement l'esclave des députés qui pouvaient le renverser, et les députés étaient eux-mêmes les courtisans du Gouvernement qui pouvait refuser ou accorder des avantages, des faveurs pour eux ou pour leurs électeurs. Le nombre des places et charges publiques allait ainsi toujours croissant ; il fallait trouver dans le Trésor public le moyen de gagner les opposants, de récompenser le zèle et de satisfaire les affamés ; seulement on était sans cesse exposé au danger d'éveiller plus d'appétits qu'on ne pouvait en assouvir.

La centralisation et le monopole électoral avaient ainsi vicié le Gouvernement représentatif dans son essence ; ce n'était plus un Gouvernement de contrôle, mais de partage.

La Chambre des députés était composée en grande majorité de fort honnêtes gens sans doute, mais sans études politiques approfondies, sans expérience des grandes affaires, devenus, du jour au lendemain, des hommes d'Etat par la grâce de l'élection. Singulière contradiction ! Dans un pays où l'on exige pour tant de fonctions si minimes et des examens et un noviciat, on peut devenir législateur et délibérer de la fortune, de l'avenir du pays entier sans faire la moindre preuve ! On suppose apparemment que le député, comme le gentilhomme de Molière, sait tout sans avoir rien appris.

Presque tous ces députés commençaient leur carrière politique à un âge où le temps d'apprendre est passé, où les habitudes de l'esprit sont prises et ne changent plus. Leur vie s'était passée dans des occupations subalternes qui rétrécissaient leur esprit au lieu de l'étendre, comment seraient-ils devenus tout à coup de véritables hommes d'Etat ! Ils avaient toujours vu les objets par leurs détails, comme les myopes ; on avait beau les placer sur un point élevé, leurs regards ne pouvaient embrasser un vaste horizon ; ils regardaient sans voir.

Du milieu de ces hommes surgissaient un certain nombre d'orateurs qui prenaient l'ascendant par une parole facile ou éloquente, bien plus que par leur instruction solide et leur bon sens. Là où il aurait fallu des hommes d'Etat réglant avec calme et persévérance les grands intérêts de la France, on voyait trop souvent des artistes à l'imagination mobile, sollicitant des applaudissements, la vanité bavarde ou intrigante au lieu de l'amour vrai du bien public et de la rectitude d'un esprit constant et ferme.

Si les Gouvernements ont péri, ce n'est pas faute, toutefois, de beaux discours, de discours ministres qui ont illustré la tribune française.

La Chambre des pairs composée d'hommes arrivés au déclin de leur vie, presque tous fonctionnaires publics, parvenus aux plus hauts grades de leur carrière autant par un dévouement factice aux divers Gouvernements de la France que par leurs services, était un corps sans énergie, sans initiative, sans influence, ossifié pour ainsi dire. Sans doute il y avait dans son sein des hommes d'expérience, de connaissances positives, qui pouvaient donner de sages et utiles conseils, mais le corps était sans indépendance, sans vie ; la puissance quelle qu'elle fût, populaire ou monarchique, pouvait sans crainte le mettre au tombeau. Il ne devait pas même laisser de regrets, ni faire verser une larme.

La dégradation des âmes, l'accroissement incessant des impôts et des dépenses improductives, l'affaiblissement de la France étaient la conséquence d'un pareil système, de pareilles institutions. On marchait à la décadence.

Nous verrons si le système républicain améliorera cette triste position ; mais l'on peut affirmer que, si la centralisation, comme l'indiquent, et la disposition des esprits rejetés par la terreur de l'anarchie vers le despotisme, et plusieurs décisions de l'Assemblée nationale, est non-seulement conservée mais agrandie, si l'Etat continue à absorber de plus en plus l'activité et le génie individuels, l'immense majorité des hommes un peu lettrés sera toujours et encore plus affamée de places, le gouvernement s'applaudira de trouver tant de millions à sa disposition, de faire taire les opposants par des faveurs à distribuer, des destitutions à infliger ; on fera exécuter encore plus de travaux par l'Etat, on donnera encore au Gouvernement plus d'influence sur les hommes et sur les choses, les impôts seront encore plus considérables, la fortune publique plus compromise, les hommes plus serviles, plus médiocres, plus incapables de se conduire et d'agir par eux-mêmes, les révolutions plus fréquentes et plus stériles, en un mot la décadence matérielle et morale sera encore plus rapide, et nous donnerons au monde, sous le masque de la République, le spectacle de la dégradation du Bas-Empire.............

A 2

Situation du Coton en France, au 31 Décembre.

PROVENANCES	Arrivages 12 mois		Débouchés 12 mois		Stocks 31 déc.	
	1861	1860	1861	1860	1861	1860
Etats-Unis.........balles.	523.482	609.578	492.193	549.805	128.626	97.337
Brésil............... »	1.504	2.034	1.602	2.690	—	98
Egypte............. »	47.769	35.303	48.900	34.368	1.044	2.175
Autres sortes........ »	42.683	38.287	39.642	34.831	8.972	5.931
Totaux........ »	615.438	685.202	582.337	621.694	138.642	105.541

Débouchés par semaine : 11.140 balles en 1861, contre 11.955 en 1860.

Situation du Coton en Angleterre, au 31 Décembre

PROVENANCES	Arrivages 12 mois		Débouchés 12 mois		Stocks 31 décembre	
	1861	1860	1861	1860	1861	1860
Etats-Unis.....	1.841.643	2.580.980	1.953.493	2.492.040	283.300	395.150
Brésil.........	99.224	103.084	84.074	121.674	27.250	12.100
Egypte........	97.759	110.009	114.499	99.329	9.590	26.330
Indes-Orient...	986.290	562.738	764.330	521.868	378.650	156.690
Autres sortes...	10.812	9.874	14.542	6.784	510	4.240
Totaux..	3.035.728	3.366.685	2.930.938	3.241.695	699.300	594.510

Consommation par semaine, 43.341 balles en 1861, contre 50.640 en 1860.
Exportation 12 mois, 677.220 balles, dont 262,750 Etats-Unis (y compris les 23.000 balles Surate brûlées à Londres), contre 608.450, dont 250.450 Etats-Unis en 1860.

AA

Voir à la Chambre de Commerce du Havre : **Marine Marchande.** Rapport de la Commission sur l'enquête ouverte par la Chambre de Commerce, 1869.

BB

10 Décembre 1869.

Monsieur le Commissaire de l'Inscription Maritime,

Vous me réclamez, Monsieur, les sommes suivantes :

Navire **X**...

F. 1.391 27 Décompte de Dubée, maître d'hôtel, *non inscrit*, embarqué à Newcastle (Australie), et laissé malade à Melbourne (Australie),

Navire **Y**...

» 1.561 70 Décompte de Roussel, second, laissé malade à Hong-Kong, le 3 Février 1869,

» 328 40 Décompte de Millet, novice, laissé malade à Hong-Kong, le 3 Février 1859.

F. 3.281 37

En ce qui concerne Dubée, du Navire *X*..., le capitaine Lecoulin a laissé entre les mains du consul, £ 30, pour couvrir les frais ; mais le 7 Mai écoulé, vous m'avez remis un bon sur le Trésor de F. 749 35, c'est-à-dire, le montant des £ 30, ce qui me prouve que la maladie de Dubée n'a pas été de longue durée (si toutefois il y avait maladie)... Il me paraît même évident que cet homme, *non inscrit* s'est fait débarquer en Australie sous prétexte de maladie afin de s'occuper par ailleurs.

En faisant la remise ci-dessus, le consul de Melbourne a dû en donner les motifs ?

En ce qui concerne les hommes du Navire *Y*..., le capitaine a déposé chez M. Landstein et C°, de Hong-Kong, la somme de $ 1.000 pour garantir les frais ; or, en Mars dernier, cette Maison m'avisait le décompte de ces $ 1.000, mais sans me le remettre. Je l'ai réclamé depuis, et je l'attends. Ceci me confirme que le second Roussel est, comme me l'a dit le capitaine Bloicet, bien embarqué peu de temps après son débarquement sur la *Nelly*, de Dieppe, attendue prochainement au Havre.

Quand au novice Millet, le capitaine Courbe, du *Mongol*, attendu de New-Orléans au Havre, m'écrit de Hong-Kong, en date du 2 Mai, qu'il a à son bord le nommé Millet.

C'est pourquoi, Monsieur le Commissaire, je viens vous prier d'attendre encore qu'il soit bien établi que lesdites sommes sont dues aux hommes pour lesquels vous réclamez.

J'écris aux consuls de vouloir bien me dire ce que sont devenus lesdits, qui sont tombés à leur charge au débarquement. Et à ce sujet, permettez-moi de m'étonner qu'ils n'en aient pas encore rendu compte à l'administration.

Je n'en prends pas moins l'engagement de faire les versements aussitôt qu'ils seront dûment justifiés.

Recevez, Monsieur le Commissaire, mes sincères salutations.

Signé **A**...

RAPATRIEMENT ET CONDUITES PAYÉS EN 1869

PAR M. A...

Navire *X*..., désarmé à Amsterdam, le 5 Février 1869.
        Conduite de Roterdam au Havre.. Fl. 309 68
        Rapatriement du Capitaine ..... » 146 45

               à F. 2 10......... Fl. 456 13 F. 957 85
        Voyage du capitaine du Havre à Amsterdam.. » 707 — F. 1.664 85

Navire *Y*..., désarmé à Liverpool, le 8 Septembre 1869.
        Rapatriement de 10 hommes au Havre...... F. 250 —
        Passage de 10 hommes à Liverpool......... » 220 — » 470 —

Navire *Z*..., désarmé à Hambourg, le 30 Octobre 1869.
        Rapatriement de l'équipage..... R⁰ 266. 2
        » du second (à Marseille). » 105.12

             à F. 186.......... B⁰ 372. 1 F. 692 05
        Conduite de l'équipage................... » 502 85
        Passage à Hambourg du nouvel équipage.. » 710 — » 1.904 90

                                     F. 4.039 75

CC (1)

Frais de navigation d'un navire anglais jaugeant 1,000 Tx.

Renseignements fournis à M. A... par M B..., de Londres, par lettre du 12 Novembre 1863, dont copie ci-après :

Dear A...,

I have duly to day been able to procure the information you asked for.

I now enclose note of first cost and sailing expenses for an East India voyage of a ship of 1,000 tons register of the highest class built in this country, being 15 years A 1 at Lloyds. You could have a thirteen years ship built for about £ 1 per ton less, the difference being that the higher classed ship will be built under cover and will be copper fastened through out. The ship is supposed to be of the same register tonnage as builders measurement, or what is called half clipper. A very sharp ship would cost the same price builders measurement, but the register tonnage would be smaller. A round ship, on the contrary, would measure more than the builders tonnage.

In answer to your other question, the outward freight to La Plata and Brazil, per sailing vessel, are 30 to 40/, the former rate for coarse and the latter for fine goods. Per steamer, the rates are 50 to 70/. There are no regular lines of ships, but·there is a regular line of steamers.

The outward freight to India vary from 25 to 30/.

I shall be glad to get you any other information you may require, and remain etc.

Signé : B...

Memorandum of first cost and charges on 1.000 tons Ship. Builders measurement register wood and iron combined ; 15 years class.

1.000 tons at £ 21	£	21.000
Commission on purchase superintending. Building, 2 1/2 0/0	»	525
Int. on instalments.	»	400
Del cred. against advances, 1 0/0	»	210
	£	22.135

Insurance in hull to Bombay out & home		75/ 0/0 £
» Calcutta »		84/ »
Victualling, 30 men per month	£	60
Wages » »	»	110
Charges in Bombay ; commission	»	250
» in Calcutta ; »	»	350
Brokers charges in England, out and in, Dock dues, lights and Pilotages, towages and commission	»	400
Labour, Ship chandlery and Sundries, out and in, for first voyage	»	450
Wear and Tear, and depreciation		10 0/0

CC (2)

London E. C., 23th march 1864.

Dear Sir,

In reply to your letter of the 9th last, and its enclosures, I send you a statement of three several ship's accounts of disbursements, on voyage to India, with a subjoined memo of the :

> Builders tonnage,
> Register dito,
> Dimensions per register,
> Tonnage of cargo discharged.

The rates of outward freights, you are aware, vary from year to year ; but I think that the following quotations will be found tolerably correct for the last 2 and 3 years :

Calcutta	35/	to 40/	per reg. ton.
Bombay	37/6	» 42/6	»
China	50/	» 55/	»
Mauritius	30/	» 35/	»
Valparaiso or Callao	40/	» 45/	»
San-Francisco	75/	» 80/	»
Vaucouver's island	85/	» 90/	»
Australia and New-Zealand	65/	» 75/	»

Generally ships contracted for, are paid on what is called Builders measurement. The builders tonnage is essentially different from the registered tonnage, as the depth is not taken into account, and poops, top-gallant, forecastles and houses are not measured in. It is found by the following rule, viz. : From the length between perpendiculars deduct three fifths of the breadth ; then multiply the remainder by the breadth, and by the half breadth, and divide by 94. The quotient will be the Builders measurement.

Registered tonnage is obtained by a different rule ; and as directed by 17 and 18 vict., see 20 and 21, what is commonly called the Merchant Shipping Act. A copy of these sections is enclosed. Forecastles below the tonnage deck are included in the registered tonnage. Poops and houses not occupied by the crew (sailors) are measured. Topgallant, forecastles and houses occupied by the crew (sailors) are excluded.

The quotations given below are the prices of the day for iron and wood ships of 1,000 tons A. 1, 12 years, with an East India out-fit. (But prices fluctuate according to the labour market, the price of materials and the demand for loading vessels.) Within the last 12 months they have gone up from 40/ to 50/ per ton.

	Iron.		Wood.	
Thames...............	£ 21	to £ 22	Nominal.	
Mersey	20 10/ »	21 10/	£ 20	
Clyde...............	20 »	21	20	
East-Coast..........	18 10/		18 10/	
Aberdeen			19	
Whitehaven.........			£ 20 to 21	

These quotations are for ships of fair proportions.

Wood ships built in Whitehaven and the Cumberland ports, and Aberdeen, are held before all others in the public estimation. At one time, ships built on the rivers Thames and Mersey were preferred ; but now building of wood ships there is nominal, iron ships built on the Thames, Mersey and Clyde are considered the best property, and although their price is from £ 2 to £ 3 per ton more than those built at the out-ports of same class, builders can always obtain their prices, as when finished they are in a loading port, and are more favorably looked upon by shippers and by underwriters.

I am, dear Sir,

Your faithfully

CC (3)

Ship A. 1161 tons register

Voy Liverpool, Bombay and Liverpool.

DISBURSEMENTS OUTWARDS IN LIVERPOOL

		£ s d
To wages and labour..............................		£ 42 12 10
To rigger and stevedore		» 102 3 »
To Blacksmith...................................		» 32 17 »
To paints......................................		» 56 17 »
To chandlery...................................		» 215 4 6
To dock rent and dues...........................		» 21 13 4
To provisions		» 535 11 3
To advertising and sundries.......................		» 45 17 8
To port dues...................................		» 19 19 6
To pilotages....................................		» 5 6 »
To towages.....................................		» 40 15 »
To commission on charter £ 3242 à 5 0/0		» 162 2 »
To address comm^{on}........ .... à 2 0/0		» 64 16 10

		£ 1346 » 11

	Rs	
To Disbursements at Bombay	Rs 5203 » 8	
To commission..................................	» 921 2 80	
Esc : 2/1............	» 6126 2 88	» 638 4 »

To Disbursements at St-Helena....................		» 32 12 11

DISBURSEMENTS INWARDS IN LIVERPOOL

To port dues........	£ 23 9 2	
To dock dues......	» 154 8 9	
To pilotage and boat assistance....................	» 13 5 8	
To towages....................................	» 4 » »	
To wages and labour.............................	» 25 8 4	
To sundries....................................	» 14 6 8	234 18 7

To crews wages during voyage....................	1230 1 1	
To gratuity to captain............................	50 » »	
To Insurance on hull, Liverpool to Bombay, U. K...............£ 10000 à 120 sh. 0/0	625 » »	
To d° on freight.........» 3242 à 70 sh. 0/0	122 8 5	
To d° on hull Bombay to Liverpool 500 à 45 sh.	12 5 »	
To d° on freight..............1681 à 40 sh.	35 14 11	795 8 4

To commmission on inward freight to Liverpool
£ 1675.11.2 à 2 1/2 0/0......................   41 17 9
To commission on disbursements in U. K. à 2 1/2 0/0
  interest, &c...................................   150 » »
Builders measurement............................   1385 tons.
Registered tonnage...............................
              Under tonnage deck..................   1060 tons.
              Poop..............................   100   1160 tons.

Length per register ....   193 F. 2
Breadth.......................   38   8
Depth   28   8
Has a poop and topgallant forecastle and two decks

BOMBAY CARGO DELIVERED

Cotton and Wool............................   1292 tons.
Salpetre ....   100 »
Seeds......................................   389 »
Sapan wood.................................   66 »

                                                 1847 tons.

CC (4)

Ship B, 954 tons register

Voy London, Calcutta and London, 8 Months.

DISBURSEMENTS OUTWARDS IN LONDON

To wages and labour				£ 106	4	4
To rigger and stevedore				125	»	6
To Blacksmith				9	11	8
To paints				50	»	»
To chandlery				54	12	»
To Ballast				21	»	5
To dock rent and dues				17	11	»
To provisions }				504 18 12	»	
To advertising and sundries				8	10	6
To port dues				21	12	3
To pilotages				46	14	»
To towages				64	»	»
To brokerage on outward freight £ 3500 à 5 0/0				175	»	»

£ 1216 14 8

To insurance on hull London to Calcutta £ 20000 à 40 sh. st.	425	»	»			
dito on freight	17	10	6	442	10	6

To disbursements at Calcutta	Rs 6398	12	6			
To commission on dito 2 1/2 0/0	135	13	8			
dito on outward freight	192	3	6			
dito homeward »	1039	13	9			
To postages		8	9			
Esc : 2/1 Rs 7767	4	2		809	1	9

DISBURSEMENTS INWARDS IN LONDON

To port dues				25	9	6
To dock dues				80	7	7
To pilotages				23	16	11
To towages				40	»	»
To wages				24	12	»
To sundries				47	15	3

242 1 3

To crew's wages during voyage................. 944 12 8

To marine insurance on hull Calcutta to London
£ 20000 at 40 sh. st   425   »   »
     d⁰   on freight, £ 2070 at 40 sh. st   44   »   6   469 6 »

Commission on homeward freight 2 1/2 0/0 ....   50 19 6
    dito   on disburs^ts in U K. 2 1/2.............
Interests, postages and petties...................   150 » »
Builders tonnage..............................   1008 tons.
Registered tonnage
     under tonnage deck........................   924 tons.
     Break and house aft.......................   29   953 tons.

DIMENSIONS PER REGISTER.

Length......................... 196 F. 2
Breadth........................ 32   8
Depth.......................... 20   75
         Two decks.

CARGO DISCHARGED FROM CALCUTTA.

Sugar......................... 148 Tons.
Seeds......................... 744   »
Jute, &c...................... 325   »
Measurement 48   »
Silk 10   »

        1275 Tons.

has topgallant forecastle and a small house for crew
and galley forward.

CC (5)

Ship C 592 tons register.

Voy. Liverpool, Bombay and London, 10 Months 23 days

DISBURSEMENTS OUTWARDS IN LIVERPOOL.

		£ s. d.
To wages and labour		£ 05 10 »
To rigger and stevedore		» 56 3 »
To blacksmith		» 18 7 2
To paints		» 44 13 »
To chandlery		» 120 » »
To dock rent and dues		» 46 5 »
To provisions		» 339 8 »
To advertising and sundries		» 26 4 7
To port dues		» 10 13 6
To pilotages		» 3 12 9
To towages		» 25 » »
To commission on charter £ 1802 8.5 at 5 0/0		» 90 2 5
		£ 845 19 5

Insurance on hull Liverpool to Bombay £ 5000 at 40 sh. 0/0 st	106 5 »	
Bombay on freight 395 at 35 sh. 0/0 st	7 8 3	113 13 »
To disbursements in Bombay	Rs 2712 » 85	
To commissions	» 1216 1 85	
Esc : 2/. 1/2	Rs 3928 2 70	401 1 »

DISBURSEMENTS INWARDS IN LONDON.

To port dues	18 8 3	
To dock dues	71 » 7	
To pilotages and boat assistance	21 12 9	
To towages	43 » »	
To wages	20 6 2	
To sundries	23 1 1	197 8 10
To crew's wages during voyage 10 months 23 days		723 5 1
To captain's allowance for table		64 12 »
To insurance on hull Bombay to London £ 5000 at 45 sh. 0/0	122 10 »	
dito on freight £ 2500 at 40 sh. 0/0	53 2 6	175 12 6

To commission on homeward freight £ 2305.17.4 à
2 1/2 0/0.......... .... £   57 13 »
»   on disbursements in U K à 2 1/2 0/0
interest, etc..................................... » 120 » »
Builders measurement .... 657½ tons.
Registered tonnage ....
Under deck............... .. .. 557 tons.
break, and house......... .... 35 » 592 »

DIMENSIONS PER REGISTER.

Length........................F. 140
Breadth....................... 31.6
Depth........................ 19.6
Two decks topgallant forecastle.

CARGO DISCHARGED FROM BOMBAY.

Oils................................ 90 tons.
Seeds........................ .... 422 »
Ivory.............................. 11 »
Measurement .... 173 »
Coffee............................ 70 »
Nuts............................. 28 »
Horns.., ... 35 »
829 tons.

CC (6)

Havre, 7 mai 1866.

Mon cher ami,

Je viens de nouveau abuser de votre temps, en vous demandant de nouveaux renseignements sur les constructions de navires en Angleterre, car je poursuis toujours mes études sur la comparaison des prix de revient entre constructions anglaises et françaises. J'espère que vous m'excuserez, et je compte pour cela sur votre indulgence habituelle.

Pouvez-vous me donner les dimensions exactes des trois navires dont vous m'avez envoyé les comptes, c'est-à-dire :

Longueur de la râblure de l'étrave à la tête de l'étambot,
Longueur sur carlingue,
Creux au maître couple,
Plus grand creux (probablement foremast),
Plus grande largeur de dedans en dedans,
Relevé de varangue au 1/4 du maître couple.

Pouvez-vous me dire aussi le nombre d'hommes avec lesquels naviguent ces trois navires, en deçà des caps et au delà ; et s'il est dans les habitudes des armateurs anglais de payer les équipages avant le départ, pendant le voyage, ou seulement au retour ; et aussi quel est le sort des équipages quand le navire se perd un jour avant d'entrer au port. Que deviennent leurs gages dans ce cas ?

Un navire licencie-t-il son équipage en arrivant au port étranger : s'il le licencie, y trouve-t-il avantage, et comment compose-t-il l'équipage au retour ?

Les gages payés pour le retour sont-ils plus élevés que pour l'aller, et le navire est-il toujours sûr de trouver le personnel qu'il lui faut ?

Je vois dans les comptes figurer des assurances sur la coque de Londres au port étranger, et du port étranger en Angleterre. Est-ce que le navire n'est pas assuré pendant le temps de chargement et déchargement ?

Voulez-vous avoir l'obligeance de me donner approximativement les dimensions en longueur et hauteur des poop, topgallant, house, forecastle, et leurs usages ? Ceci très grosso-modo et approximativement. Veuillez me dire aussi si le plancher de ces poops et houses pénètre dans le pont du navire, ou si le pont n'est pas coupé ; et si toute la hauteur est prise en dessus du pont

<table>
<tr><td>Poop</td><td>Pont du Navire</td><td></td><td>Poop
Pont coupé</td><td>Pont du Navire</td></tr>
</table>

D'où vient la grande différence entre le Builder's tonnage et le Register pour le navire A.

Le capitaine d'un navire anglais a-t-il des gages fixes par mois en plus de son primage, ou est-il habituellement intéressé dans les résultats bons ou mauvais de son navire ?

CC (7)

London, 16th May 1864.

My dear Sir,

I send translation of yours of 7th current to my friends MM. ...., and enclose the reply of their ships husband; the only thing in which, requiring explanation, is the expression « freight the mother of wages. » This means that under all circumstances, bankruptcy or others, the freight carried by a ship, goes in the first place for the payement of wages.

Crews are engaged here by the month, and a captain may discharge his crew abroad, or the crew may, if they like, leave the ship. In either case. the captain makes up his crew as best as he can for the return voyage, and if he cannot find Europeans, he takes Lascars or Mallays. The wages for return are the same as for going if the crew remain, if they do not, it is a question of arrangement, and depends, like every thing else, in supply and demand.

Insnrance, when effected from one port to another, only covers the risk for 24 hours after arrival. When in port, ships are covered by Fire Insurance. If insured by the year, the marine policy covers the risk everywhere; if by the voyage, it covers it in the foreign port only,

English captains have no primage, they get monthly or annual wages varying from £ 200 to £ 500 per annum. The are just often interested in their ships as not.

CC (8)

London E. C., 16th May 1864.

Dear Sir,

In reply to the enquiries contained in your memorandum, I beg to inform you that the dimensions of the ship measuring 593 ton per register, are as follows :

Length from stem to stern-post	140 F.	
Extreme breadth outside	31	6/10
Depth amid ship's	19	6/10
Crew including captain	21	

The house in deck is occupied by captain and officers. The break is filled with stores. The main deck forms the floor of the poop and break, and is of the following form :

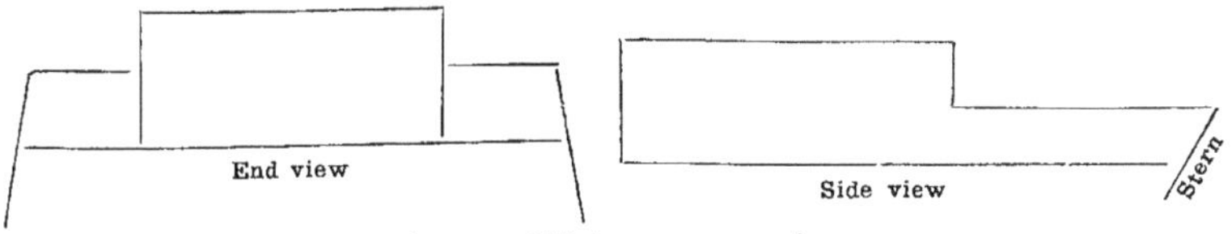

End view

Side view

Stern

The dimensions of ship registering 954 tons are as under :

Length from stem to stern-post	196 F. 2	1/10
Extreme breadth	32	8/10
Depth amid-ship's	20	75/100
Crew	30 in all.	

The break and house are formed as per sketch here under :

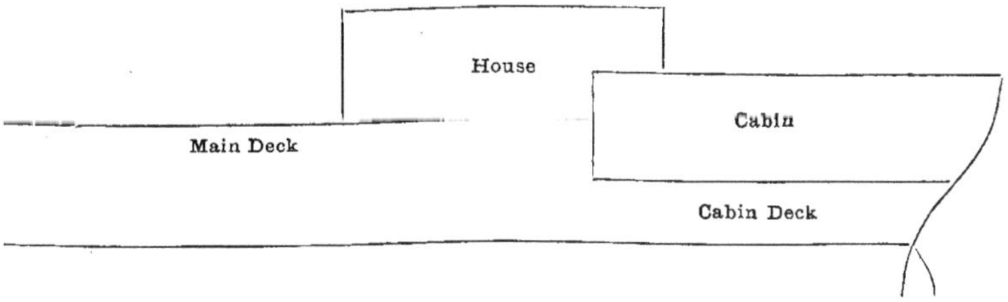

House

Cabin

Main Deck

Cabin Deck

The dimensions of the ship registering 1,160 tons are :

Length, stem to stern-post	193 F.	3/10
Breadth extreme	38	8/10
Depth amid ship's	22	8/10

Crew, 36 in all.

The poop of the vessel is on the main deck and is occupied, part by captain and crew, and part by store room.

The other points of information asked, I am unable to give.

The crew usually get one month's wages advanced to them at the time of joining the ship, one month's pay in each foreign port, and the balance on complection of the voyage Strictly speaking, they are not entitled to ask any advance whatever. Crews wages are due up to the time of abandoning the wreck. The old law « freight the mother of wages » is repeated by statute.

« 18 Juin 1868

» Mon cher ami,

» En parcourant de nouveau, à l'occasion de notre Exposition maritime, les données
» que vous m'avez envoyées en 1865 sur les prix de constructions navales en Angleterre,
» je suis embarrassé par les points suivants :
» Dans la Note n° 1, il est dit que le coût de construction d'un navire en Angleterre
» est de £ 20 à 22 par tonneau, même £ 18 à la côte Est.
» Dans la Note n° 7, le navire de 593 tonneaux est dit avoir coûté £ 7,310 et le
» navire de 1,160 tonneaux £ 15,000.
» Ceci ne faisant pas £ 20 du tonneau, je vous prie de me savoir de M.*** ce qu'il a
» entendu par « 1st cost ».
» J'entends par 1st cost, le prix à quai prêt à charger, c'est-à-dire avant vivres,
» assurances, avances à l'équipage et commissions sur coût et fret de sortie. Je
» comprends, par exemple, les commissions sur coût de construction, gréement,
» mâture, etc,, etc. »

Réponse à cette Lettre :

« 23th July 1868.

» I quite forget, when I saw you in Havre, to give you the result of my enquiries
» regarding the cost of the *** and the other ship mentioned. I find that they were both
» colonial built ships, built of pine and classed A 1 for seven years. They were the same
» kind of ships as *Malabar* and *Talisman*, which cost about £ 11 per ton with an Eeast
» India out-fit. The cost, as they arrive from the colonies, being about £ 7 per ton
» English built ships classed A 1 for 13 years, cost about £ 21 per ton and require about
» £ 2 per ton more to send them to sea with a complete East India out-fit. »

DD

Navires anglais en fer.

Renseignements fournis par M. D.-M. C..., de Liverpool, suivant lettre du 31 Octobre 1863, à M. B..., dont copie ci-après :

Dear B...,

Your letter of 28th instant duly received, and in answer to your enquiries as to the probable cost of our ships, I may mention that a first class iron sailing ship similar to the *R...-C.* . would cost, all complete and ready for an East voyage within a few pounds of £ 22,000. — The exact cost of our ships we do not know yet as the « first cost accounts » are not made up, but we expect somewhere about the above figure will be the thing. All our ships have iron masts and the rigging is made of the same metal. Yards steel.

R...-C... is 1,170 tons and would carry, if well stowed, about 2,200 tons of your french goods, I mean weight and measurement. — Our ships carry immense cargoes for their tonnage. They were built, as you are aware, by MM. R... K..., Glasgow, about the best iron ship builders in the kingdom. If the friends you speak of or any others thought of building a vessel, they could not do better than see or write to my brother D... of the subject, as he knows personally nearly all the shipbuilders on the Clyde, where the finest and cheapest ships and steamers are built. At present, he is looking after the building of two or three iron ships for firms in this town.

It can do no harm to let you know that a vessel anything of the finish and style of one of ours, could not be built anywhere, in France, under £ 25,000 or £ 26,000.

Signé : D.-M. C...

EE

COMPTE de Carêne, Armement et mise dehors du Trois-Mâts français **A**, Capitaine ***, parti du Havre pour Saïgon (Cochinchine). —
(1er voyage).

Achat   1.000 tonn. lourd
   Coût..F. 135.000 —
   Courtage d'achat .... »   369 —
                          ———————F. 135.369 —
   Droits de francisation, 672 tonn. 835................ »   1.345 90
       Valeur 29 Mars 1867................ ——————————— F. 136.714 90
Main-d'œuvre... »   7.037 85
Carêne.. » 21.203 90
Armement... » 21.736 05

                                              F. 186.692 70

COMPTE d'Achat, Carêne, Armement et mise dehors du Trois-Mâts
français **B**, capitaine ***, parti du Havre pour Yokohama et Yokoska
(Japon), le 17 Mai 1866. — (1er voyage).

Achat   1.500 tonn. lourd
   Coût.... ....F. 215.000 —
   Courtage d'achat........................... »   592 —
                          ———————F. 215.592 —
   Droits de franctsation, 1,006 tonn. 32................ » 20.126 65
       Valeur 16 Mars 1866................ ——————————— F. 235.718 65
Main-d'œuvre.. »   7.248 —
Carêne.. » 29.682 75
Armement .... » 30.278 55

                                              F. 302.927 90

COMPTE d'Armement et mise dehors du Trois-Mâts français **C**,
capitaine ***, parti du Havre pour Singapore, Saïgon, Hong-Kong,
Woosung (Chine) et Kokohama (Japon), le 4 Mars 1866. — (1er voyage).

Achat   1.200 tonn. lourd
   Coût d'un Trois-Mâts de 859 tonneaux.....................F. 170.000 —
   Courtage d'achat..........................F.   459 —
   Francisation, 786 tonn. 22, à F. 20................ » 15.724 65
       Valeur 7 Février 1866................ —————————— » 16.183 65
Main-d'œuvre... »   6.496 70
Armement et Carêne.. » 51.272 10

                                              F. 243.952 45

FF

NAVIRE GRÉÉ EN TROIS-MATS BARQUE (N° 37)

Modèle exposé au Havre, sur chantier, avec lancement de côté.

Sera à peu près comme le *Niagara* de 656 last ou le *Félix-Mendelzohn* de 665 last.

Ce dernier prend 275 passagers d'entrepont et 85 passagers dans le roufle, ensemble 360 passagers, selon la loi américaine.

Pour être livré au printemps 1869, le navire est monté en bois tors, et l'on est occupé à poser les carlingues et les barrots.

Si, demandé, l'on pourra faire maintenant quelques changements sans grands frais ; sera muni d'une mécanique brevetée pour lever les ancres (d'un patent spill de MM. Brown et Harfield, tel qu'on peut le voir sur le modèle).

Prix : 65,000 thalers à 17 1/2 = Fr. 267.400.

NAVIRE GRÉÉ EN TROIS-MATS BARQUE (N° 36)

Modèle exposé au Havre, sur chantier, avec lancement droit.

Sera à peu près comme le *Saint-Bernhardt*, 553 1/2 last, jaugé au Havre (Novembre 1861) 670 tonn. avec chargement de froment, 12,819 sacs = 36,160 bushels 427 barils farine, 6,000 merrains, soit 1,030 tonn.

Ou comme le navire *Elena* de 572 last, jaugé au Havre en Juin 1862 pour 678 tonn. avec 1,030 tonn. de froment.

L'*Elena* a été jaugé au Havre en Juin 1864 pour 727 tonn.

Le *Saint-Bernhardt* prend 245 passagers d'entrepont et 62 passagers dans le roufle.

L'*Elena* prend 244 passagers d'entrepont et 63 passagers dans le roufle, selon la loi américaine.

Pourra être livré en automne prochain, sera muni d'un guindeau (Battspill) ordinaire.

Prix : 56,000 thalers à 17 1/2 = Fr. 230,400.

GG

Mode de jaugeage des Navires en Angleterre, par le constructeur.

(Voir le « Merchant Shipping Act » pour le jaugeage des navires qar la Douane.)

Le tonnage, d'après le constructeur, est essentiellement différent du tonnage du Registre, vu que l'on ne fait pas mention de la profondeur, et que les dunettes, gaillard d'avant et les logements n'y sont pas compris. On le trouve par la règle suivante, savoir : de la longueur entre les perpendiculaires, déduisez 3/5 de la largeur, puis multipliez la différence par la largeur, et par la moitié de la largeur, puis divisez par 94. Le quotient sera le tonnage d'après le constructeur.

HH

Mode de jaugeage des Navires en France, par la Douane.

Le tonnage des bàtiments est calculé de la manière suivante .

« Ajouter la longueur du pont prise de tête en tête à celle de la quille, de l'étrave à
» l'étambot ; déduire la moitié du produit, multiplier le reste par la plus grande
» largeur du navire au maître bau, multiplier encore le produit par la hauteur de la
» cale et de l'entrepont, épaisseur du pont non comprise, et diviser par 3.80. Si le
» navire n'a qu'un pont, prendre la plus grande longueur dn bâtiment, multiplier par
» sa plus grande largeur au maître bau, et le produit par la plus grande hauteur, puis
» diviser par 3.80. »

La largeur comme la longueur se prend de dedans en dedans ; la hauteur ne doit
pas comprendre la sentine, partie de la cale où les eaux se réunissent, elle se
prend des planches sans avoir égard à la carlingue ni au barrot.

On doit aussi défalquer la coupée de la hauteur quand le navire a cette forme de
construction.

KK

Renseignements pris chez M. X..., courtier de navires au Havre.

En général, les grands navires anglais jaugent moins en France que chez eux; cela tient à ce que l'on comprend dans la jauge anglaise les dunettes, les coupées ou demi-dunettes, et roufles non employés au logement de l'équipage.

Par contre, leurs petits navires jaugent plus en France qu'en Angleterre; généralement, ils n'ont ni roufles ni dunettes, et tous logent les équipages et les officiers sous le pout. Ces logements sont déduits de la jauge anglaise, et en France ils y sont compris.

Le bau du « Register » est pris hors bordé, et non de dedans en dedans.

Le creux est celui du maître couple, et non le plus grand

Voici des dimensions relevées sur le certificat du « Register » pour le *Matoake,* et à côté sa jauge à la douane du Havre :

Longueur sous 2ᵉ pont, de l'étrave à l'étambot.......	198 F.	8	60 m. 59
Bau hors bordé...	37	9	11 55
Creux au maitre couple	22	3	6 80
Jauge officielle : sous le pont...	990 T.	34	1,092 T. 57
dunette...	102	23	
Jauge de douane au Havre...			1,073 12
Différence en moins			19 T. 45

Jauge d'après les dimensions réduites, en prenant 0.80 d'épaisseur des deux murailles, 1,130. L'excès sur la jauge trouvée par la douane vient de la longueur moyenne.

La différence de 19 **Tx** 45 est la plus faible de toutes celles que nous avons constatées chez M. X...

MM

NAVIRES ANGLAIS

JAUGE DE DOUANE		PORT EN LOURD	
350		519	
614		818	
283		332	
587		906	
439		561	
1246		1345	
1745		2183	
1065		1241	
914		1226	
1534	8777	2060	11191
1347		1674	
1067		1178	
2163		2799	
1683		1835	
906		13	
1098		1545	
1048		1418	
1070		1437	
1057		1486	
1095	12634	1646	16341
1306		1560	
1234		1449	
613		604	
843	3996	1664	5277

NAVIRES FRANÇAIS

JAUGE		PORT EN LOURD	
475		612	
744		1205	
355		439	
1064		1847	
414		512	
346		457	
536		634	
691		1081	
550		613	
473	5648	521	7921
593		964	
1064		1851	
400		580	
899		1082	
1277		1997	
587		705	
593		731	
721		903	
526		739	
458	7118	572	10124
328		568	
594		673	
470		569	
1920		2799	
496		654	
481		620	
593		722	
590		667	
580		656	
593	6645	711	8639

NAVIRES AMÉRICAINS

JAUGE DE DOUANE		PORT EN LOURD	
876		1300	
1266		1585	
825		869	
660		972	
733		1109	
421		582	
367		517	
915		1109	
336		454	
1025	7424	1000	9497
399		634	
458		580	
1801		2238	
1547		1648	
1199		1567	
1183		1774	
847		1275	
413		579	
347		434	
1334	9528	1477	12206
1248		2362	
677		1067	
1035		1480	
849		1354	
592		999	
422		573	
1060		1383	
980		1149	
680		973	
1009	8552	1480	12820

OO

CONSTRUCTIONS NAVALES

Quelques observations sur les Constructions françaises et anglaises.

Coût du Navire construit en 1863, à Honfleur :

F. 177.000	Coque
22.000	Mâture
20.000	Gréement
13.000	Voilure
17.500	Ancres
10.000	Forge
2.300	Ceintres
4.300	Rôles de journées
5.500	Divers, matériel
1.100	Dépenses diverses

F. 273.000
4.000 escomptes à déduire

F. 269.000 pour 622 tonneaux, soit F. 432 37 par tonneau.

Mais le navire a sur le pont une demi-dunette quasi dunette, un roufle et un gaillard.

Dans la demi-dunette, on peut mettre 150 mètres ou 110 tonneaux, et cette demi-dunette n'est pas jaugée. Elle a 1 mètre 75 de hauteur.

Sur devis de construction, on pourrait continuer le pont de cette dunette jusqu'au gaillard d'avant, pour 14,000 fr.; on aurait un entrepont de 46 mètres de long sur 9 mètres de large et 1 mètre 70/75 de hauteur.

Ce serait ajouter à la jauge du navire :

$$46 \times 6 \times 1.75 : 3.80 = 190 \text{ ton. } 65 \text{ cent.}$$
$$+ 622 \quad » \quad — \quad »$$

812 ton. 65 cent. pour F. 269.000
plus 14.000

F. 213.000
ou E. 348 24 par tonneau.

Soit donc, pour le navire dans le port, avec demi-dunette jusqu'au grand mât, roufle et gaillard, F. 432 47 par tonneau de jauge ; et pour le même navire, sans demi-dunette, roufle ni gaillard, avec simple corps-de-garde, mais la demi-dunette ci-dessus convertie en troisième pont, F. 348 24 par tonneau de jauge.

Résumé

622 tonneaux de jauge, avec demi-dunette, roufle, etc.	812 ton. de jauge, avec 3ᵉ pont au lieu de demi-dunette,etc.	
F. 269.000	F. 283.000	Coût avant mise en charge, suivant note qui précède.
		Frais de Navigation. Armement pour la Plata
		F. 8.646 Vivres, passagers compris
		2.693 Avances à l'équipage
		11.500 Assurance du voyage
		1.300 Embarquement de la cargaison
		356 Pilotage de sortie
		100 Remorquage
		139 Insertions
		1.160 Agence Paris
		7.606 Nos commissions, achat et fret de sortie
		F.33.500
33.500	33.500	
F. 302.500	F. 316.500	
ou	ou	
F. 486 33	F. 389 46	
par ton. de jauge de Douane	par ton. de jauge de Douane	

Mais le navire construit à 486 fr. 33 par tonneau de jauge portera, relativement à sa jauge de douane, une proportion plus forte que celui construit à 389 fr. 46.

Le *B*... est sorti pour la Plata avec 1,500 mètres cubes de marchandises pour 622 tonneaux de jauge, tandis que, dans les secondes conditions, il n'aurait probablement pu porter plus de 1,700 mètres pour 812 tonneaux; soit :

> 2 mètres 41 par tonneau dans le premier cas,
> et 2 — 09 » dans le deuxième cas.

En général, les navires anglais et américains sont peu chargés sur leurs ponts et les français beaucoup Il en résulte que nos constructions parraissent plus cher que les constructions anglaises, mais au fait et au prendre elles ne le sont pas.

En outre, nous avons des épaisseurs de bordages et vaigrages que n'ont pas les navires étrangers.

Havre. — Imprimerie de G. Cazavan et Cⁱᵉ, rue St-Julien, 16.